Arsham Kasparian

Code des ewigen Lebens

Der einzige Weg zum Himmelreich

www.tredition.de

© 2018 Arsham Kasparian

Verlag und Druck: tredition GmbH, Hamburg

ISBN
Paperback: 978-3-7469-2110-5
Hardcover: 978-3-7469-2111-2
e-Book: 978-3-7469-2112-9

Verzeichnis

<u>Code</u> des ewigen Lebens –

der einzige Weg zum Himmelreich

<u>Einleitung</u>

Zuerst ist es mir eine angenehme Pflicht und Freude als Autor dieses Buches zu erklären, was mit dem Buchtitel:

„Code des ewigen Lebens"

gemeint ist.

Das Wort „**Code**" hat gem. Wikipedia verschiedene Bedeutungen:

Hier wird das Wort „**Code**" als ein Passwort eingesetzt.

Und das Passwort ist hier **ein Weg** zu einem bestimmten **Ziel.**

Meistens – bzw. wie üblich – besteht der Code von einer bestimmten Kombination aus Buchstaben und Zahlen. Und es ist auch heutzutage sehr bekannt und auch üblich, dass jedes kleine und große Unternehmen seine bestimmten unverwechselbaren Geheimcodes hat, durch die alle Aktivitäten u.a. Leistungen, Finanzstrukturen etc. vorgestellt oder gesichert werden. Und solche Codes überfluten heutzutage auch alle Sektoren der Wirtschaft, Privatleben, Medizin, Schule als Sicherheitsschlüssel und als sicherer Zugang zu wertvollen Tresoren von geheimen Akten und Dokumenten und auch der Weg zu Forschungserrungenschaften.

Unser Buchtitel „Code des ewigen Lebens" wird so erklärt und es ist so gemeint, dass Gott, der große Schöpfer vom Kosmos, in seinem Wort, der Bibel, einen Code als Schlüssel und Weg, wie man das ewige Leben bekommt, durch einen Bibelvers festgelegt hat.

Selbstverständlich gilt dieser Schlüssel (Vers) nur für diejenigen, die die Gnade von Gott bekommen haben, nicht nur zu lesen und zu verstehen, sondern diesen biblischen Code (Bibelvers) auch anwenden bzw. im Glauben knacken. Die Entschlüsselungswirkung diese Codes ist so immens wichtig für die Menschen, - damals (als Jesus gelebt hat) und auch für die Menschen heutzutage - und bis unser Herr Jesus Christus, Gottes Sohn **wiederkommt.**

Der Code für das ewige Leben bei Gott ist:

NGJ3V3

N	=	Neu
G	=	Geboren
J	=	Johannes
3	=	3. Kapitel
V	=	Vers
3	=	3

Das ist das biblische Wort im Johannes-evangelium Kapitel 3,Vers 3

Jesus erwiderte Nikodemus: Ich versichere Dir, wenn jemand nicht von neuem geboren wird, kann er das Reich Gottes nicht sehen.

Wenn Jemand ganz getreu Gottes Wort im Johannesevangelium 3 Vers 3 so liest und versteht wie es dasteht – <u>ohne</u> zu philosophieren und sich selbst zu erheben (ganz besonders in christlichen Gemeinden) um sich als ganz große intellektuelle, religiöse, fromme Persönlichkeit zu profilieren – dann hat dieses Wort Gottes seinen Zweck und Ziel erreicht.

Wenn man diesen Code Joh. 3 Vers 3 einem Kind aus der 3. bzw. 4. Klasse langsam und mit Betonung vorliest und das Kind dann fragt: Was hast Du verstanden? Ich bin überzeugt als Autor, dass das Kind prompt und ohne Verzögerung sagen wird: Ja, nur die neugeborenen Menschen kommen in das Himmelreich. Und so werden auch Millionen/Milliarden Menschen aller Rassen bzw. Nationen der Erde, nachdem sie diesen Vers aus dem Johannesevangelium 3,3 in ihrer Sprache gelesen haben, dies genauso verstehen bzw. interpretieren, wie das Schulkind, - ohne zuerst sich weitere Gedanken zu machen. Vielleicht wird es von manchen anderen Kindern oder Erwachsenen ein bisschen anders ausgedrückt: Niemand kann in Ewigkeit bei Gott sein, wenn er nicht von neuem geboren worden ist.

Nebenbemerkung vom Autor:

Ich habe versucht, beim Schreiben und Formulieren dieses Buches mich genauso einfach und leicht verständlich auszudrücken, dass nicht nur Akademiker und Gelehrte den Sinn und Inhalt verstehen können, sondern Jedermann ihn versteht und Glauben erfährt.

Auch ich habe in meinen Bibeln diesen Vers in deutsch, arabisch, englisch und armenisch gelesen und dieses immer in gleicher Klarheit so verstanden, wie ein Schulkind.

Daraus resultiert die entscheidende berechtigte Frage:

„Wenn die Menschen nicht in den Himmel hineinkommen, wo gehen sie dann hin?"

Die Antwort: Gottes Wort sagt, wenn man nicht im Himmel das ewige Leben mit unserem Gott und seinem Sohn Jesus Christus erlebt, dann wird man in der ewigen Verdammnis landen und dies mit **viel** Schmerz und Leid erleben. Über diese Tatsache als biblische Wahrheit, wenn man nicht in den Himmel kommt, sondern zur ewigen Verlorenheit geht, ergibt die neue Frage: Wer ist verantwortlich, dass so viele Menschen sterben, die nicht von neuem geboren worden sind und sie somit nicht bei Gott und Seinem Sohn Jesus Christus ewiglich leben?

Diese wertvolle Frage ist adressiert an folgende Personen: An die, die das Wort Gottes predigen und lehren (Pfarrer, Priester, Bischöfe, Evangelisten und Lehrer etc. in verschiedenen Kirchen, und christlichen Gemeinden, Schulen und Fakultäten usw.), aber auch adressiert an die Eltern, Großeltern, gute treue Freunde und an die Menschen, die Asylanten und Randgruppen betreuen. Gott hat sein Wort uns in der Bibel offenbart und seinen einzigen lieben Sohn Jesus Christus auf Golgatha kreuzigen lassen, dass wir nicht nur sein Wort für unser irdisches Leben hören, glauben und praktizieren, sondern sein größtes brennendes, heiliges Herzensanliegen war, dass alle Menschen, nach Vollendung ihres irdischen Lebens, zu ihm kommen, um mit ihm und seinem Sohn ewiglich ohne Ende leben. Siehe Kap. 6

Gottes heiliger Wille ist, dass diese Stelle aus der Bibel in Johannes 3, Vers 3 – unser Code – der einzige Weg zum Himmelreich ist,

der durch Jesus geschieht:

Matth. 14, 6 (luth)

Ich bin der Weg, die Wahrheit und das Leben.

Niemand kommt zum Vater, denn durch mich

Und selbstverständlich, dies gilt für alle Menschen, als einziger Weg zum Himmelreich. Und es ist schön, wunderbar und sehr fruchtbringend in den Gemeinden, wenn die Verantwortlichen (Pastoren, Pfarrer, Priester, etc.) diese Botschaft von der Neugeburt gem. Joh.3, 3 - so schnell wie möglich - in höchster Priorität (an erster Stelle) predigen und als Ziel für alle ihre Aktivitäten stellen, weil niemand außer Gott wissen kann, wann ein Mensch durch Herzinfarkt, Unfall, etc. aus dem Leben abgerufen wird und nicht ausreichend mit Leidenschaft und Nachdruck über die Frohe Botschaft informiert worden ist und somit die Chance verpasst hat, als Sohn bzw. Tochter zu Gott zu kommen.

Nur dann kann man als verantwortlicher und aktiver Christ ins Bett gehen und sehr gut schlafen, denn er hat sein Bestes durch Gottes Kraft getan, nämlich dass die Menschen nicht verloren gehen.

Und wir als überzeugte Christen in der ganzen Welt, die glauben, dass Joh. 3,3 der einzige Weg zum Himmelreich ist, sollten sehr eifrig sein – und nicht loslassen -, dass an erster Stelle unsere Lieben, unsere Freunde, unsere Bekannten durch Neugeburt zum Himmelreich kommen. Durch die Neugeburt bekommen wir den Heiligen Geist, der Jesus Christus von den Toten auferweckt hat. Und dadurch haben wir keine Angst von terroristischen Anschlägen, Erdbeben, Tsunami, etc., da wir durch die Neugeburt den Erweckungsgeist haben und wir 100 % wissen, wo wir nach dem Tod hinkommen.

KRASS FORMULIERT:

Was hilft es den Menschen, wenn sie an jedem Sonntag neue gut ausgelegte Predigten über Frieden, Freude, Freiheit usw. hören und dann plötzlich sterben und sie haben nur sehr wenig, oder überhaupt noch nichts über die Neugeburt gehört, geschweige denn diese praktiziert. (in Kap.1.1 noch deutlicher erklärt). Ich bin ziemlich sicher, dass es ein Anliegen aller normalen, lieben Eltern mit ihren Kindern und Enkeln ist, dass sie nicht nur eine befristete Zeit von 30 – 40 oder mehr Jahren zusammenleben, sondern ihr herzlicher Wunsch ist, dass es einmal ein Treffen in der Ewigkeit mit ihren Lieben ohne Ende geben wird. Dieser Wunsch wird real, wenn wir **leidenschaftlich, unermüdlich** und mit Nachdruck aufpassen, dass unsere Kinder und Enkel alle neu geboren werden - sonst bleibt unsere Liebe zu unseren Kindern – ewig mit ihnen gemeinsam im Himmel zu sein - nur ein **Fantasie**wunsch.

Wichtige Hinweise von dem Autor

A)

Manche Wörter und manche Sätze dieses Buches sind fett gekennzeichnet, um den Sinn und Inhalt besser zu verstehen und wegen einem leichteren Verständnis des gesamten Themas.

B)

Es ist bekannt, dass Gottes Wort sehr großflächig und tiefsinnig in geistlicher und seelischer Bedeutung ist. Deshalb wurden manche Verse von der Bibel mehrmals an verschiedenen Stellen verwendet, - nicht nur weil sie von der Bedeutung gut passen, sondern auch, weil kein anderer Vers den Sinn passend ersetzt. Dafür hat der Autor dies bei den Wiederholungen mit der kurzen Bemerkung „noch einmal dieser Vers" gekennzeichnet.

C)

Jeder Bibelvers ist gekennzeichnet mit Buchstaben (in Klammer). Diese Buchstaben deuten die Bibelüberset-zungsquelle an

HB   = Hans Bruns

Luth. = Martin Luther

NL   = Neues Leben, Neues Leben Bibel

Elberf. = Elberfelder Bibel

Kapitel 1

Die Neugeburt führt zum Himmelreich

Ich als Autor dieses Buches behaupte: Wenn wir nicht in unseren Verkündigungen Joh. 3,3 **an erster Stelle** über die Neugeburt lehren und als Kern, Zentrum (auch als Ziel wie die Menschen zu Gott kommen) für unsere Predigten berücksichtigen, dann verkündigen wir nicht die vollkommene Frohe Botschaft (Erlösung und Befreiung von jeglicher Strafe von unseren Sünden und Missetaten) (sh. auch Kapitel 7) und unsere Predigten und Belehrungen werden keine Früchte für die Ewigkeit bringen.

Dazu folgende Erläuterungen

1) Als Herzensanliegen wiederholt der Autor folgendes: was hilft es den teuer auf Golgatha erkauften „Schäflein", wenn Sie NUR gute Predigten hören, z.B. über Frieden, Freiheit, Liebe, Psalmen und was die Propheten und die Apostel gesagt und getan haben usw., aber kaum etwas (oder gar nichts) von Gottes Rettungsgedanken durch die Neugeburtsbotschaft mit Sündenbekenntnis und Sündenbereuung, um das ewige Leben zu erlangen.

2) alle wunderbaren Gaben, wie Zungenreden, Prophezei-ungen, Heilungen, auch Fasten führen nicht **alleine** zu den himmlischen Örtern, sondern dies sind nur ganz besonders schöne Gaben, die man **nur** bekommt, wenn man von neuem geboren ist. Es sind wertvolle Geschenke für Neuge-borene bzw. **für Söhne und Töchter Gottes.**

3) es ist nicht ausreichend, wenn der Evangelist (Pastor) bei großen Veranstaltungen auffordert, dass die Zuhörer als mutigen Demonstrationsakt ihres Glaubens nach vorne kommen und ihr Herz dem Herrn Jesus Christus geben, son-dern es ist ein Geschenk Gottes als Gnade, dass der Zuhö-rer erkennt, dass Jesus Christus der einzige Weg zu der Ewigkeit ist. (Ich bin der Weg und die Wahrheit und das Le-ben) - aber dieser Mensch, der durch Gottes Gnade und Kraft mutig nach vorne gekommen ist, hat den **1.Schritt** getan.

Der **2.Schritt** ist, dass der, der mutig nach vorne kommt, mit voller Demut und voller Glaubensüberzeugung sich be-kehrt, seine Sünden bekennt und bereut. Dieses wird im nächsten Kapitel noch ausführlich erläutert.

4) Es ist auch nicht alleine ausreichend, dass man als Säugling durch Gottes Gnade getauft wird oder als Erwachsener die Glaubenstaufe durch Gottes Kraft erhält. Die Taufe ist ein Gehorsamsakt, an dem Gott große Freude hat, aber es reicht nicht aus, in den Himmel zu kommen. Wenn das ausreichend wäre, dann müssten mind. 10 Stellen nur aus dem Neuen Testament über Bekehrung mit Sündenbekenntnis und -bereuung gelöscht oder entfernt werden.

5) alle menschlichen oder religiös motivierten Leistungen und Werke (z.B. missionarische Einsätze im In- oder Ausland), **um** das ewige Leben ohne Neugeburt zu bekommen, sind nur Luftblasen, die sich wie Luft auflösen.

<u>**Titus 3, 4-5**</u> (HB)

Da trat die Freundlichkeit und Güte Gottes unseres Retters in unser Leben. Das geschah wirklich nicht auf Grund unserer sittlichen oder religiösen Leistungen, sondern es war sein Erbarmen, das uns gerettet hat durch das Bad des Geistes, der Wiedergeburt (Neugeburt) und Erneuerung bewirkt.

Gott ist souverän

Der große mächtige Gott ist der Schöpfer von dem gesamten Kosmos (Sonne, Mond, Sterne, Galaxien etc.), aber er ist auch Schöpfer von allen Menschen. Die gesamte Schöpfung ist nicht nur sein Werk mit eigenen Händen, sondern die gesamte Schöpfung gehört ihm allein. Deshalb hat Gott, der Allmächtige, in höchster, vollkommener göttlicher Freiheit und Souveränität zu entscheiden, wer von den Menschen zu ihm in das Himmelreich kommen darf und in welcher Art und Weise, auch unter welchen Bedingungen die Menschen zu ihm in das Himmelreich kommen dürfen.

Selbstverständlich, der allmächtige Gott, war und ist und bleibt für immer souverän - bis zum Ende der Zeit. Gottes Wort berichtet, dass im Alten Testament und im Neuen Testament Gott durch seine souveräne Entscheidung manche Menschen zu Ihm entrückt hat, ohne neugeboren zu sein.

Durch Gottes Wort (aber nur durch Gottes Wort), erfahren wir, dass Gott die Welt so geliebt, dass er seinen einzigen lieben Sohn Jesus Christus als Erlösungswerk geopfert hat. Durch dieses Opfer seines Sohnes hat er den einzig gültigen Weg ganz konkret festgelegt, wie man durch das Erlösungswerk

Seines Sohnes zu dem Himmelreich kommt. Und dies hat Sein Sohn bestätigt.

„Ich bin der Weg, die Wahrheit und das Leben". Diesen Weg, den Gott durch Seinen Sohn festgelegt hat (Highway to heaven), können absolut nur die Neugeborenen mit voller Berechtigung in Anspruch nehmen. Die Neugeborenen dürfen in das Himmelreich kommen, nur weil ihr Körper (Leib) qualifiziert ist. Sie sind die Einzigen, deren Körper tauglich ist, weil sie mit voller Überzeugung glauben und mit göttlicher Kraft, dass Gottes Sohn, Jesus Christus auf dem Kreuz von Golgatha die ganzen Strafen für ihre Sünden als Stellvertreter getilgt hat und zur Bestätigung ihres Glaubens, das Jesus Christus ihr Erlöser ist, haben sie mündlich ihre Sünden bekannt und bereut.

Um präzise zu formulieren:

Für uns Menschen, die in neutestamentlicher Zeit leben, gibt es nur den einzigen göttlichen, heiligen Weg, durch unseren Herrn Jesus Christus, in den Himmel zu kommen, Und dies durch unseren Buchcode: Johannes 3, Vers 3. Das will ich als Autor in den nächsten Kapiteln ausführlich erklären.

Kapitel 2

Warum ist die Neugeburt so immens wichtig und entscheidend

In der Einleitung und in dem 1. Kapitel haben wir erfahren, dass der Code des ewigen Lebens (d.h. der Weg zur Ewigkeit)

(noch einmal dieser Vers)

Johannes 3 Vers 3

ist, wo Jesus Christus Gottes Sohn zu Nikodemus sagt:

> **Ich sage Dir, wenn jemand nicht**
>
> **von neuem geboren wird,**
>
> **kann er das Reich Gottes nicht**
>
> **sehen.**

Wenn wir an diese göttliche Wahrheit glauben, dann können wir mit vollem Recht die Frage stellen, warum überhaupt müssen alle Menschen, die auf unserem blauen Planet leben, von neuem geboren werden, um nach Beendigung ihres irdischen Lebens ganz sicher in das Himmelreich zu kommen? Weil unser Leib (Körper) von Geburt an durch die Erbsünde von Adam für den Eintritt in das Himmelreich unqualifiziert ist.

<u>Psalm 51,7</u> (luth)

Siehe ich bin als Sünder geboren und meine Mutter hat mich in Sünden empfangen

und Gott hat das bestätigt durch sein Wort in

<u>1.Korinther 15, 50</u> (HB)

Das sage ich Euch allerdings liebe Brüder: Fleisch und Blut (unser sterblicher Leib) können die Königsherrschaft Gottes nicht ererben, auch kann die Vergänglichkeit (durch die Erbsünde von Adam) nicht die Unvergänglichkeit in Besitz nehmen

Warum ist unser Leib aus Fleisch und Blut von Geburt an vergänglich und nicht geeignet, in dem Himmelreich bei Gott ewiglich zu leben? Es sind **<u>zwei</u>** stark wirkende entscheidende Gründe für jeden Menschen, die unseren Leib verseuchen und ihn für das Himmelreich untauglich machen:

Der **1. Grund** ist die **Erbsünde** vom Sündenfall von Adam und Eva, die leider, leider von manchen Christen nicht ganz ernst als biblische göttliche Wahrheit genommen, sondern als ein Märchen empfunden wird.

Der **2. Grund** sind unsere **eigenen Sünden,** Übertretungen und Missetaten, die wir jahrzehntelang gemacht haben bzw. noch machen werden.

Der 1. Grund: Die Erbsünde

Um leicht und anschaulich (auch für Kinder leicht verständlich) die Erbsünde zu erklären, muss man Gottes Schöpfungsgeschichte im Alten Testament in Betracht nehmen.

Zusammengefasste komprimierte Erläuterung:

Im 1. Mose 1, 26 (HB) steht das bekannte Gotteswort:

Gott der große Schöpfer spricht zu seinem Sohn Jesus Christus:

Dann sagte Gott:

„Lasst uns Menschen machen, nach

unserem Bilde, die uns ähnlich sind."

Mit Hilfe seines Sohnes hat Gott erst Adam erschaffen und nachher von Adam eine Rippe entnommen und Eva erschaffen. Ursprünglich hat Gott Adam und Eva so vollkommen und gut gemacht, dass ihr Leib sehr geeignet und qualifiziert war, mit Gott und seinem Sohn Jesus Christus Milliarden Jahre ohne Ende und **ohne Neugeburt** in Freude und Glück zu leben.

Und Gott, als Schöpfer, schaute seine Schöpfung Adam und Eva an und er fand, was er mit seinem Sohn Jesus Christus erschaffen hat, super mega gut und schön. Und vor lauter Bewunderung und göttliche Liebe hat er für seine beiden Lieblinge Adam und Eva einen ganz großen grandiosen, wunderbaren Garten, **das Paradies**, erschaffen und legte in diesem Garten alle Arten von Pflanzen an und schuf alle Arten von Tieren, die in der Luft fliegen, auf der Erde leben und in den Wassern der Meere und Ozeanen schwimmen. Und Gott sagte zu Adam und Eva: Ihr könnt Jahrtausende über Jahrtausend ohne Ende großzügig leben und alles genießen von den Pflanzen und Tieren, aber nur von dem einem Baum, dem Baum der Erkenntnis, dürft ihr nicht essen. Aber wenn ihr esst, werdet ihr verdammt und ihr werdet sterben.

Gottes Wort sagt in 1. Mose Kap.3,1-7 (HB)

Die Schlange aber war listiger als alle Tiere des Feldes, die Gott der HERR, geschaffen hatte. Sie sagte zu der Frau: „Hat Gott wirklich gesagt, ihr dürft von keinem Baum des Gartens essen?"

Da antwortete die Frau der Schlange: „Wir dürfen von den Früchten der Bäume im Garten essen. Nur von den Früchten des Baumes in der Mitte des Gartens hat Gott gesagt: Esset nicht davon, rührt sie auch nicht an, damit ihr nicht sterbet!" Da sagte die Schlange zur Frau: „Auf keinen Fall werdet ihr sterben. Gott weiß schon: Sobald ihr davon esst, werden euch die Augen aufgetan werden, und ihr werdet sein wie Gott und wissen, was gut und böse ist." Und die Frau sah, dass von dem Baum gut zu essen wäre und er eine Lust für die Augen und ein begehrenswerter Baum sei, durch den man klug werden könne. So nahm sie von der Frucht, aß und gab auch ihrem Manne neben ihr, und er aß auch. Da gingen ihnen beide die Augen auf, und sie wurden gewahr, dass sie nackt waren. Da flochten sie Feigenblätter zusammen und machten sich Schürzen daraus.

Gott war sehr traurig und böse über Adam und Eva und er hat die beiden nicht nur bestraft, dass er sie aus dem Paradies geworfen hat, sondern Adam muss im Schweiße seines Angesichtes arbeiten und Eva mit Schmerzen Kinder gebären und er hat auch ihre Körper verdammt mit Tod und ewiger Verlorenheit (Verdammnis).

Die Bestätigung im Wort Gottes:

1. Mose 3, 16 -19 (HB)

Zur Frau sprach er: Ich will dir viele Beschwerden schaffen in deiner Schwangerschaft. Du sollst mit Schmerzen Kinder gebären. Du wirst Verlangen haben nach deinem Mann. Er aber soll herrschen über Dich. Zum Manne aber sagte er: Weil du auf die Stimme deiner Frau gehört und von dem Baum gegessen hast von dem ich Dir gebot, Du sollst nicht davon essen, so sei der Erdboden um deinetwillen verflucht. Mit Mühsal sollst du dich dein Leben lang von ihm nähren. Er soll dir Dornen und Gestrüpp tragen und das Kraut des Feldes sollst du essen. Du sollst im Schweiße deines Angesichtes dein Brot verdienen, bist du wieder zur Erde wirst, von der du genommen bist, denn Erde bist Du und Erde musst Du wieder werden.

Und hier wird die Erbsünde erklärt:

Durch Fortpflanzung von Adam und Eva kam die volle Verdammnis über ihre Kinder und Kindeskinder und durch alle Generationen und über alle Menschen, die auf unserem blauen Planet lebten, leben und leben werden.

Hier sind **nur manche** von vielen selektierten Stellen über die Erbsünde von Adam und Eva:

Römer 5, 18 (NL)

Da die Sünde Adams brachte Verdammnis über alle Menschen, aber die Tat von Christus von seinem erlösendem Handeln machte alle Menschen in Gottes Augen gerecht und schenkte ihnen Leben.

Römer 5, 21 (NL)

Darum steht es nun so: Wie die Sünde ihre Herrschaft ausübte, in dem sie den Menschen den Tod brachte, so breitet nun die Gnade aufgrund der göttlichen Gerechtigkeit ihre Herrschaft aus und führt uns durch Jesus Christus, unsren Herrn zum ewigen Leben.

Psalm 51,7 (luth)　　Noch einmal dieser Vers

Siehe ich bin als Sünder geboren und meine Mutter hat mich in Sünden empfangen

Erklärung: Hier kann jeder Mensch ganz deutlich die schreckliche Wirkung der Erbsünde sehen. Als wir in unserer Mutter Leib waren, waren wir bereits sündige Menschen, obwohl wir in unserem Mutterbauch nicht gelogen, nicht begehrt, nicht gestohlen haben. Paulus hat immer unter der Erbsünde stark gelitten.

Römer 7, 19 Paulus stöhnt (HB)

Denn ich tue nicht das Gute, das ich will, sondern das Böse, das ich nicht will. Wenn ich nun das tue, was ich nicht will, so tue ich es im Grunde gar nicht, sondern die in mir wohnende Sünde.

Römer 7, 24 (HB) Paulus stöhnt weiter:

O, ich unglücklicher Mensch, wer wird mich retten von diesem Todesleib?

Römer 5, 17 (HB)

Denn wenn wegen der Sünde des Einen der Tod geherrscht hat durch den Einen, um wie viel mehr werden die, welche die Fülle der Gnade und der Gabe der Gerechtigkeit empfangen, herrschen im Leben durch den Einen, Jesus Christus.

Dieser furchtbare schlechte Einfluss der Erbsünde auf unseren menschlichen Leib (Körper) ist so stark, dass wir für immer Kandidaten der ewigen Verlorenheit (Verdammnis) sind und dagegen können wir auch gar nichts tun. Wir sind persönlich hilflos und kraftlos gegen die Erbsünde. Wir müssen das verstehen und akzeptieren als biblische Wahrheit:

Du machst Sünde, weil Du von Anfang an ein Sünder warst und bist - und nicht weil Du Sünde machst, bist Du ein Sünder

Der Kern des christlichen Glaubens ist, dass unser **Herr Jesus Christus, Gottes Sohn, der einzige von** allen Menschen, Religionen und Sekten ist, der einen Sieg durch sein Opfer auf Golgatha über die **Erbsünde** und finsteren Mächte errungen hat und unser, durch die Erbsünde verdammter Körper, wurde auf das **Kreuz** Jesu auf Golgatha **geschlagen.** Das heißt, **die Neugeborenen** sind frei von jeglicher Verdammnis der Erbsünde

Römer 6, 6   (HB)

Darum muss uns klar sein, unser alter Mensch ist mit Christus an das Kreuz geschlagen, damit der Leib (Erbsünde von Adam) mit dem wir der Sünde gedient haben, abgetan sei und wir nicht mehr Sklaven der Sünde zu sein brauchen.

Der **2. Grund**

Der zweite stark wirkende entscheidende Grund, warum der menschliche Leib für das Himmelreich verseucht und untauglich ist, **ist unsere eigene Sünde.**

Römer 3, 23 u. 24   (Luth)

Denn es ist hier kein Unterschied: sie sind allzumal Sünder und mangeln des Ruhmes, den sie bei Gott haben sollten, und werden ohne Verdienst gerecht aus seiner Gnade durch die Erlösung, die durch Jesus Christus geschehen ist

Kapitel 3

Wehen (als starkes Bedürfnis)

Bedingung für „neugeboren" zu werden

Es ist überall weltweit bekannt, dass eine werdende Mutter zum Abschluss ihrer Schwangerschaftszeit unerträgliche starke Wehen bekommt (ich war bei meiner Frau bei der Geburt unserer 3 Kinder dabei). Ich vermute folgendes (diese meine Vermutung steht nicht im Wort Gottes), dass Gott auch gedacht hat, dass (unser Code Johannes 3, 3.„von neuem geboren wird") der Mensch auch solch starke geistliche Wehen und ein starkes leidenschaftliches Bedürfnis haben muss, bevor er vom Geist Gottes neu geboren wird.

Sonst wäre dieser göttliche heilige **Neugeburtsakt** einfach ein oberflächiges, spontanes (ohne persönlichen Verlangensdrang nach notwendiger geistlicher Veränderung) Experiment, bei dem man vorher nicht weiß, ob es gelingt, oder nicht.

Manche Wehen für die geistliche Neugeburt (z.B.)

1) Wenn man stark leidet an keiner Erfüllung in **seinem** geistlichen Dasein und einen starken Drang nach persönlicher und geistlicher Veränderung hat - dann ist der Mensch geeignet für die geistliche Neugeburt.

2) Wenn man einen starken Drang hat frei zu werden von seinen starken Depressionen, seiner Resignation und seelischen Belastungen - dann ist der Mensch geeignet für die geistliche Neugeburt.

3) Wenn man einen großen Drang hat zu seelischen und geistlichen Veränderungen und dieses **wegen seinem ganz schlechten Gewissen** (durch Belastung von Übertretungen und Sünden, die man jahrzehntelang gemacht hat) und Angst vor ewiger Verdammnis hat, nach dem Wort Gottes in

Epheser 2, 1 (Luth)

Auch ihr wart tot in Euren Übertretungen und Sünden

- dann ist der Mensch sehr gut geeignet für die geistliche Neugeburt.

4) Wenn man einen starken Drang nach geistlicher oder seelischer Veränderung hat, obwohl alles, was man sich von weltlicher und materieller Art (Wohlstand, Haus, Beruf, Gesundheit, dickes Bankkonto etc.) gewünscht, erstrebt **und erreicht hat, jedoch** aber keine Sinnerfüllung und keine Freude zu leben hat – dann ist der Mensch geeignet für die geistliche Neugeburt

5) Bei starken Wehen **- ohne die Neugeburt -** leben wir unser ganzes Leben ohne göttliche Leitung durch den Heiligen Geist, den nur die Neugeborenen als Söhne und Töchter Gottes nach Galater 4, Vers 6 bekommen.

Galater 4, 6 (HB)
Weil ihr aber Söhne seid, sandte Gott den Geist seines Sohnes in unsere Herzen, der ruft: Abba.

Kapitel 4

Warum ist der Glaube an das Opfer von Jesus Christus der unersetzlich einzige Weg zum Himmel

Gottes Wort sagt in **1. Kor. 15, 50**

dass unser Körper (Leib) durch die Erbsünde von Adam verseucht bzw. ungeeignet für das Himmelreich ist und nur durch den Glauben an Jesu Opfer auf Golgatha und Bekehrung wird unser Leib eine neue Kreatur nach 2. Kor. 5,17 und dieser neue Leib ist sehr geeignet für das Himmelreich.

Bevor wir durch Gottes Wort im nächsten Kapitel 5 erfahren werden, in welcher Art und Weise unser Herr Jesus Christus seinen Leib für die Erlösung der Menschen, die an sein Opfer glauben, geopfert hat, wollen wir in diesem Kapitel 4 erfahren, warum Gott keinen anderen Menschen von den Propheten, Apostel, Priester etc. für den Erlösungsakt auf Golgatha auserwählt hat, sondern nur Jesus Christus,

A)) weil,Jesus Christus, Gottes Sohn, ursprünglich von Gott gezeugt wurde

und nicht von Adam und Eva stammt, - sein Leib (Körper) ist frei von jeglicher Art von Verdammung von Adam und Eva

Folgende **7 selektierte** Stellen aus dem Wort Gottes bezeugen, **dass Jesus von Gott gezeugt wurde**

Jesus Christus spricht mit seinem himmlischen Vater:

1)

Hebräer 10, 5 (HB)

So spricht ja auch der Herr selbst bei seinem <u>Kommen in die Welt. Opfer und Gaben </u>hast Du nicht gewollt, **aber einen Leib hast mir zubereitet. Brandopfer und Sündenopfer gefallen Dir nicht.**

Erklärung:

Bevor Jesu von Maria geboren wurde, war Jesus bei Gott, seinem Vater im geistlichen Zustand.

2)

um dies zu verdeutlichen (noch einmal diesen Vers):

Johannes 3,16+ 17 (NL)

Denn Gott hat die Welt so sehr geliebt, dass er seinen einzigen Sohn hingab, damit jeder, der an ihn glaubt, nicht verloren geht, sondern das ewige Leben hat. Gott sandte seinen Sohn nicht in die Welt, um sie zu verurteilen, sondern um sie durch seinen Sohn zu retten.

Erklärung:

Das Wort „hingeben" bedeutet, dass jemand etwas besitzt und es geben will. Das Wort „sandte" bedeutet ebenfalls, dass Jesus bei Gott im Himmel war und auf die Erde als Mensch „gesandt" wurde, indem er ihm als Mensch einen Leib gab, damit er, Jesus, unter den Menschen als Mensch lebte und sein Erlösungswerk vollbringen konnte.

3)

Epheser 1, 3-5 + 7 (HB)

Anbetung und Dank Gott und dem Vater unseres Herrn Jesu Christ. In ihm hat er eine Fülle geistlichen Segens über uns ausgeschüttet, der nicht von dieser Welt ist. **In IHM hat er uns auserwählt, bevor dieser Kosmos geschaffen wurde,** damit wir unter Seinen Augen ein heiliges, untadeliges Leben führen möchten. Seine Söhne (bzw. Töchter) dürfen wir sein durch Jesus Christus. Das hat er so in seiner Liebe vorausbestimmt. Das war sein gnädiger Wille über uns. In IHM haben wir die Erlösung, durch sein Blut und die Vergebung unserer Schuld, nach dem Reichtum seiner Gnade.

Erklärung:

Jesus war bei Gott im geistlichen Zustand, bevor der Kosmos existierte

Römer 8, 29 (NL)

Denn Gott hat sie schon vor Beginn der Zeit auserwählt und hat sie vorbestimmt, seinem Sohn gleich zu werden, damit sein Sohn der Erstgeborene unter vielen Geschwistern werde.

Erklärung:

Jesus Christus wurde gezeugt, als Erstgeborener, bevor Maria, die Mutter von Jesus, geboren wurde.

4)

Ich als Autor bin überzeugt, dass die bekannte Dreieinigkeit Gottes existierte, bevor Jesus von Maria geboren wurde.

5)

Hebräer 5, 5 (NL)

So hat auch Christus sich nicht selbst erhöht, um Hohepriester zu werden, nein er wurde von Gott erwählt, der zu ihm sprach: Du bist mein Sohn, heute habe ich dich gezeugt.

6)

Psalm 2,7 (NL)

Ich will den Ratschluss des Herrn bekanntgeben. Er hat zu mir gesagt: Du bist mein Sohn, am heutigen Tag habe ich dich gezeugt.

7)

<u>1. Mose 1, 26</u> (nochmal dieser Vers) (Elberf)

Dann sprach Gott, lasst uns Menschen machen, als unser Abbild, uns ähnlich.

<u>Erklärung:</u>

Jesus Christus, Gottes Sohn, hat bei Schaffung der Menschen seinem himmlischen Vater geholfen und hat die Vorfahren von Maria geschaffen.

<u>B))</u>   weil Jesus Christus der einzige Mensch ist, der <u>keine einzige Sünde</u> in seinem Leben gemacht hat

.........weil Gott nicht sündigen kann

1)

<u>Hebräer 4, 15</u> (HB)

Denn wir haben nicht einen **<u>Hohenpriester</u>**, der nicht konnte mitleiden mit unserer Schwachheit, sondern der versucht ist, allenthalten gleich wie wir, doch **<u>ohne Sünde.</u>**

2)

2. Korinther 5, 21   (Elberf)

Denn er hat den, der von keiner Sünde wusste, für uns zur Sünde gemacht, auf das wir wurden für ihn die Gerechtigkeit, die vor Gott gilt.

3)

1. Petrus 2, 22 + 24   (Elberf)

Welcher keine Sünde getan hat, ist auch kein Betrug in seinem Munde gefunden, welcher eure Sünden selbst hinaufgetragen hat an Seinem Leibe auf das Holz, auf dass wir, der Sünde abgestorben, der Gerechtigkeit leben; durch welche Wunden ihr seid heil geworden.

4)

Kolosser 2, 9   (luth)

Denn in IHM wohnt die ganze Fülle der Gottheit leibhaftig.

Kommentar: der Sohn Gottes sündigt nicht

C)) **weil, - nur durch Jesus Christus wollte Gott Söhne und Töchter als Geschwister seines Sohnes haben.**

Die Neugeborenen kommen nicht nur als vollberechtigte Vollbürger in das Himmelreich, sondern als Söhne und Töchter Gottes, die in demselben Wohnhaus wohnen werden wie ihr himmlischer Vater.

1)

nochmal diese folgenden Verse als Beweis, dass Jesus bei Gott war, bevor der Kosmos erschaffen wurde:

Epheser 1 V 3, 4, 5 ,7   (HB)

Anbetung und Dank Gott und dem Vater unseres Herrn Jesu Christ. In IHM hat er eine Fülle geistlichen Segens über uns ausgeschüttet, der nicht von dieser Welt ist. In IHM hat er uns auserwählt, bevor dieser Kosmos geschaffen wurde, damit wir unter seinen Augen ein heiliges untadeliges Leben führen möchten. **Seine Söhne (bzw. Töchter) dürfen wir sein durch Jesu Christus**. Das hat er so in seiner Liebe vorausbestimmt. Das war sein gnädiger Wille über uns. In

IHM haben wir die Erlösung durch sein Blut und die Vergebung unserer Schuld nach dem Reichtum seiner Gnade.

Und Gott hat dies selber in folgendem Text bestätigt, dass
die Neugeborenen, die an Jesu Opfer und Erlösungswerk
glauben, die sind vor Beginn der Zeit auserwählt als Brüder
und Schwestern von Jesu Christi.

2)

Römer 8, 29   (NL) nochmal dieser Vers,

**Denn Gott hat sie schon vor Beginn der Zeit auserwählt
und hat sie vorbestimmt, seinem Sohn gleich zu werden,
damit sein Sohn der <u>Erstgeborene unter vielen Ge-
schwistern</u> werde.**

Wenn man die 2 vergangenen Verse tief im Glauben als die
göttliche unerschütterliche Wahrheit annimmt, dass Jesus
Christus, Gottes Sohn unser himmlischer Bruder ist, dann
erquickt dies unsere Seele als frische Luft für unseren Glauben an Gottes Wort.

3)

<u>Galater 4,6</u>   (HB)

<u>Weil ihr nun Söhne seid</u>, hat Gott den Geist seines Sohnes in unsere Herzen gegeben, der da laut ruft: Abba, das bedeutet guter Vater! So bist du (der Neugeborene) nicht mehr Sklave, <u>sondern Sohn, und als Sohn</u> nach Gottes Willen durch Christus auch Erbe.

4)

<u>2. Korinther 6, 18</u>   (HB)

Ich will Euch aufnehmen und Vaterstelle an Euch vertreten. Ihr sollt meine Söhne und Töchter sein, spricht der Herr aller Herrscher.

<u>D))</u> **weil Gott so die Menschen geliebt hat,** dass ER seinen einzigen lieben Sohn als **lebendigen Bodyguard** für jeden Neugeborenen gibt.

Matth. 28,20 (NL)

Lehre sie alle Gebote zu halten, die Euch gegeben habe

und ich versichere Euch: Ich bin immer bei Euch bis an das

Ende der Zeit

Kapitel 5

Erlösungsopfer Jesu Christi als Fundament des christlichen Glaubens und des Neugeburtsakts

In Kapitel 2 und 3 dieses Buches wurden anhand der Bibel, Gottes Wort

Epheser 2, 1   (Luth)   (nochmal dieser Vers)

Auch ihr wart tot in Euren Übertretungen und Sünden

so dargestellt, interpretiert, dass Gott der große Schöpfer des Kosmos nach seiner Schöpfung schaute und sah, dass viele Menschen wegen der Erbsünde von Adam und Eva (Sündenfall) und auch ihrer eigenen sündigen Lebensweise geistlich tot sind. Dies geschah von dem Tag an, als Adam und Eva wegen ihres Sündenfalls vom Paradies verbannt und verdammt wurden. Gott war in alttestamentlicher Epoche sehr streng und konsequent mit den Menschen, die Sünden taten. Dies betrifft in besonderem Maße auch die Eltern.

2. Mose 34, 7   (HB)

lässt aber den Schuldigen nicht ungestraft. Er sucht die Schuld der Väter an den Kindern und Kindeskindern heim, bis ins dritte und vierte Glied.

Und Gott sah die Menschen durch alle Zeitalter als Tote, die wegen der Erbsünde und der eigenen Sünde nicht qualifiziert sind, in das Himmelreich zu kommen. Alle menschlichen Werke und Leistungen, um Gott als Gerechten zufriedenzustellen und um in das Himmelreich zu kommen, reichten nicht aus. Auch alle Tieropfer im Alten Testament, z.B. Brandopfer, Sündopfer konnten auch nicht eine einzige **Sündenstrafe** tilgen bzw. ersetzen.

Hebräer 10, 1-2   (NL)

Das Gesetz brachte also nur einen Schatten des Zukünftigen und nicht die Wirklichkeit der himmlischen Güter. Die Opfer wurden Jahr für Jahr wiederholt, doch sie konnten denen, die zur Anbetung kamen, keine vollkommene Reinigung schenken. Wäre dies der Fall gewesen, hätte es keine Opfer mehr gegeben, denn die <u>Opfernden wären ein für allemal gereinigt gewesen und sie hätten ein reines Gewissen.</u>

Und genau das hat unser Herr Jesus Christus, Gottes Sohn mit seinem einzigen Opfer getan, in dem er seinen göttlichen Leib auf dem Kreuz von Golgatha als Strafe für alle Sünden und Missetaten aller Menschen hat kreuzigen lassen, damit sie von jeglicher Art von Verdammnis vollkommen frei werden und **ein gutes Gewissen bekommen.**

Hebräer 10, 3-6   (NL)

Doch das Gegenteil geschah. Die jährlichen Opfer erinnerten sie Jahr für Jahr erneut an ihre Sünden. Denn das Blut von Stieren und Böcken kann keine Sünden fortnehmen. Deshalb sprach Christus, als er in die Welt kam (er redete mit seinem himmlischen Vater): D**u hattest keine Freude an Brandopfern oder an anderen Sündopfern, weil die von den Priestern verlangten Brandopfer und Sündopfern konnten nicht eine einzige Sündenstrafe tilgen.**

Hebräer 10, 7-9   (NL)

Da sprach ich: `Sieh her, ich bin gekommen, um deinen Willen zu erfüllen, o Gott - so wie es in deinem Buch über

mich geschrieben steht.´ Christus sagte: »Du wolltest keine Opfer und keine Gaben und keine Brandopfer und keine anderen Sündopfer, noch hattest du Freude daran«, obwohl sie nach dem Gesetz gefordert waren. Und er fügte hinzu: »Sieh her, ich bin gekommen, um deinen Willen zu tun.« Er hebt den ersten Bund auf, um den zweiten einzusetzen.

Und Gott sah, dass die Menschen mit allen ihren religiösen Leistungen und Werken nicht gerecht vor Gottes Augen sein konnten. Aber das war Gott, unser großer Schöpfer, der auch mit seiner göttlichen, heiligen Liebe, die kein Ende hat, immer wieder ihn veranlasst hat, neue Männer und Frauen als Propheten und später Apostel zu schicken, um die Menschen zu lehren und zu warnen vor dem ewigen Tod bzw. Verdammnis und auch um zu trösten, zu heilen, gerecht vor Gottes Augen zu sein, um mit Freude ewiglich zu leben.

Aber keiner von diesen Propheten und Apostel konnten auch nicht eine einzige menschliche Sündenstrafe tilgen bzw. löschen. Auch nicht tausende Liter von tierischem Blut konnten eine menschliche Sündenstrafe bezahlen oder ersetzen.

Markus 12, 6

Da er nun noch einen geliebten Sohn hatte, sandte er ihn als letzten zu ihnen und sprach: Sie werden sich vor meinem Sohn scheuen (geliebter Sohn = Jesus Christus)

Ja, das war wieder Gott, der die Menschen so grandios liebte, dass er seinen einzigen, herzenslieben Sohn schickte, (diesen Sohn, der mitgewirkt hat die ganze Schöpfung zu planen und auszuführen) auf die Welt, um die Menschen von ihrer eigenen Verdammnis zu retten und ins Himmelreich zu bringen.

(noch einmal dieser Vers)

Johannes 3, 16 und 17   (NL)

Denn Gott hat die Welt so sehr geliebt, dass er seinen einzigen Sohn hingab, damit jeder, der an ihn glaubt, nicht verloren geht, sondern das ewige Leben hat. Gott sandte seinen Sohn nicht in die Welt, um sie zu verurteilen, sondern, um sie durch seinen Sohn zu retten.

Unser Gott hat Jesus Christus nicht nur wie die anderen Propheten geschickt, um zu predigen, zu warnen, zu trösten,

Wunder zu tun, zu heilen, zu prophezeien, sondern er hat es zugelassen, dass sein Liebling auf das Kreuz von Golgatha genagelt und mit viel Hohn und Spott und mit immensem Leid und Schmerzen gekreuzigt wurde, um die Strafe für alle Schuld und Sünde aller Menschen zu tilgen, damit viele Menschen frei von jeglicher Verdammnis neu geboren werden und als Söhne und Töchter zu IHM in das Himmelreich kommen. Das war wirklich Seine klare göttliche Liebe zu uns Menschen, dass wir heutzutage, ohne irgendwelche zusätzlichen Werke und Leistungen, sondern nur durch Gnade und reinen überzeugten Glauben, gerettet sind.

Noch präziser:

Wir dürfen heutzutage glauben und annehmen, dass Jesus Christus die **Strafe** für alle unsere eigenen Sünden, die wir selber verdient hätten, auf seinem Leib (Körper) so schmerzlich getragen hat, so dass wir heute für immer für das Himmelreich qualifiziert sind

Der Erlösungsakt

Und wir haben erkannt, dass Jesus Christus der Einzige ist, den Gott von allen Propheten und Aposteln (die sündige Menschen waren) auserwählt und es zugelassen hat, dass die Juden ihn nicht nur verhöhnen und bespucken, sondern sie haben ihn als Gefangenen zu dem Richter Pilatus geschleppt, weil sie (die Juden) ihn umbringen und töten wollten. Denn Jesus hat behauptet, er sei der König der Juden. Pilatus jedoch hat an Jesus Christus keine einzige Schuld gefunden und er wollte Jesus frei lassen. Aber gegen den massiven Protest und dem lauten Schreien der Juden (Pharisäer) hat Pilatus Barnabas (den großen Verbrecher) von dem Gefängnis frei gelassen, aber Jesus geißeln lassen und als Kriegsknecht haben die Juden eine aus Dornen geflochtene Krone auf seinen Kopf gesetzt und ihm ein Purpurkleid angezogen. Und Jesus trug mit Hilfe von Simon von Kyrene sein Kreuz zu dem Ort, der da heißt Golgatha. Und als sie ihn mit großen Nägeln durch die Hände und Beine gekreuzigt haben, sagte Jesus: „Mich dürstet". Da gaben sie ihm Wein mit Galle vermischt und nachdem er dies getrunken hat, hat er ganz laut geschrien: **„Es ist vollbracht"**. Mit diesem Schrei „Es ist vollbracht" hat Jesus Christus den Auftrag von seinem himmlischen Vater vollkommen vollbracht, alle

Strafen für die Sünden der Menschen auf seinem Leib mit immensen Schmerzen zu tragen.

Der Beweis dafür, dass sein Opfer alle Sünden der Menschheit vollkommen getilgt hat, besteht darin, als er nach 3 Tagen vom Tod auferstanden ist und da in seinem Auferstehungsleib kein einziges Fleckchen Sünde war, durfte Jesus sich mit vollem göttlichen Recht auf die rechte Seite Seines himmlischen Vaters setzen.

Hebräer 1, 3 (NL)

Der Sohn spiegelt die Herrlichkeit Gottes wieder, und alles an ihm ist ein Ausdruck des Wesen Gottes. Er erhält das Universum durch die Macht seines Wortes, nach dem er uns durch seinen Tod von unseren Sünden gereinigt hat, setzte er sich auf den Ehrenplatz an der rechten Seite des herrlichen Gottes im Himmel.

Und dies ist ein großer Anlass der Neugeborenen, dass man mit **voller Freude jeden Tag neu** beginnt und beendet, um das große Opfer von Jesu Christi zu würdigen.

Transaktion (Austausch)

Und Gott hat den Austausch, die **Transaktion** überwacht, dass Jesus Christus der Gerechte, der keine Sünde kannte und keine Sünde gemacht hat, die Strafen aller Sünden, Übertretungen und Missetaten der Menschheit auf seinem Leib mit starken Schmerzen getragen hat.

Und Gott hat die Gerechtigkeit seines Sohnes Jesus Christus genommen und hat sie an all die Menschen weitergegeben, die glauben, dass Jesus Christus die Strafe für all ihre Sünden, die sie eigentlich selbst verdient hätten, bezahlt hat.

Das heißt: Als Jesus Christus auf das Kreuz von Golgatha gehängt wurde, war Jesus eine Gestalt mit ganz großen und vielen Sünden beladener Mensch – ja, wie ein großer Verbrecher - bis zu seinem großen Siegesschrei: „Es ist vollbracht". Mit diesem Schrei „Es ist finished!" „Es ist vollbracht!" hat ER die durch Erbsünde und eigene Sünde verdiente Strafe der Menschen **vollkommen** für immer bezahlt und getragen.

Hebräer 10, 13 – 14

Dort wartete er bis seine Feinde zu einem Schemel unter seinen Füßen erniedrigt werden. Denn durch dieses

eine Opfer hat er alle, die er heiligt, für immer vollkommen gemacht.

Gott selber hat in seinem Wort dies noch einmal ganz konkret bestätigt, dass ER die Strafen für Sünden, Übertretungen und Missetaten, die Jesus auf dem Kreuz getilgt hat, **nie mehr bestrafen wird**

Hebräer 10, 17 + 18 (HB)(noch einmal diesen Vers)

...und ihrer Missetaten und Übertretungen will ich nicht mehr gedenken, wo Vergebung der Sünden ist, brauchen keine Opfer für die Sünde mehr dargebracht werden.

Deshalb sagt Jesus: Mein Joch ist leicht (nur reiner Glaube), denn heutzutage kann jeder der ca. 7,5 Milliarden Menschen, die auf unserem blauen Planet leben, gerecht vor Gottes Augen und von **neuem geboren** werden, wenn sie mit ganzem Herzen glauben und bezeugen:

a) Jesus Christus ist Gottes Sohn. Er ist mein persönlicher Heiland, Erlöser und Retter, weil er auf dem Kreuz von Golgatha die Strafe für all meine Sünden getilgt hat

b) Bestätigung auf Punkt a)

durch **mündliche Bekehrung** (durch Sündenbekenntnis

und Sündenbereuung)

sh. nächstes Kapitel 6

Kapitel 6

Das persönliche mündliche Bekenntnis als Gehorsamsakt für die Neugeburt

In diesem Kapitel kommen wir zu dem Hauptzweck und Kerngedanken und Ziel dieses Buches:

Der Weg zum Himmelreich und wie man nach dem Wort Gottes neu geboren wird.

Es ist absolut **nicht ausreichend** für unseren Schöpfer, unseren großen Gott, dass wir Menschen überall nur hören, lesen und glauben, dass Jesus Christus mit seinem Opfer auf dem Kreuz von Golgatha uns von der Strafe für all unsere Sünden freigemacht hat,

1. Petrus 2, 24   (NL)

An seinem eigenen Körper hat er unsere Sünden an das Kreuz hinaufgetragen, damit wir für die Sünden tot sind und für die Gerechtigkeit leben können. Durch seine Wunden seid ihr geheilt worden.

sondern, Gottes heiliger Wille war und ist, dass jeder Bewohner unseres blauen Planeten mit voller Überzeugung **mündlich** folgendes bekennen sollte:

1) dass er eine sündige Person war und ist und für die Sünden, die er gemacht hat, die ewige Verdammnis verdient hat

2) dass er durch das Erlösungswerk von Jesus Christus, Gottes Sohn, auf dem Kreuz von Golgatha frei wurde von jeglicher Verdammnis.

3) dass er die einzelnen Sünden, die er begannen hat und an die er sich erinnern kann, **mündlich** benennt und bereut.

Diese drei göttlichen Ordnungen „die Sünden benennt und bereut" nennt das Wort Gottes **„Bekehrung".**

Zur Bestätigung, dass die Bekehrung (Sündenbekenntnis und Sündenbereuung) der Weg zum Himmelreich ist, habe ich als Autor anbei aus vielen Bibelstellen folgende Bibelverse selektiert:

1. Johannes 1, 9   (HB)

Wenn wir aber unsere Sünden bekennen, **so ist er treu und gerecht, dass er uns die Sünden vergibt und uns von jedem Unrecht reinigt.**

Epheser 1,7   (HB)

In IHM haben wir die Erlösung durch sein Blut und die Vergebung unserer Schuld nach dem Reichtum seiner Gnade

Römer 6, 6   (HB)   noch einmal dieser Vers

Darum muss uns klar sein, unser alter Mensch ist mit Christus ans Kreuz geschlagen, damit der Leib, (Erbsündeleib von Adam) mit dem wir der Sünde gedient haben, abgetan sei und wir nicht mehr Sklaven der Sünde zu sein brauchen

Erklärung:

Das ist der neue Leibeszustand der Neugeborenen, dass der Leib, der von Adam durch Erbsünde verdammt war, durch die Bekehrung mit Jesus auf das Kreuz von Golgatha geschlagen (wegkatapultiert) worden ist.

Apostelgeschichte 3, 19   (HB

So tut nun Buße und bekehrt Euch, damit Eure Sünden ausgetilgt werden.

Lukas 24, 47

Nun aber soll im Namen Jesus Christi allen Völkern verkündigt werden, dass sie sich bekehren und dadurch Vergebung der Sünde bekommen.

Römer 10, 10

Denn wenn man von Herzen glaubt, so wird man gerecht und wenn man mit dem Munde bekennt, so wird man gerettet

Erklärung:

Im vorigen Vers sagt das Wort Gottes ganz klar, dass es für jeden Menschen nicht ausreichend ist, wenn man nur liest, hört und **glaubt**, dass Jesus Christus durch sein Erlösungswerk sie von jeglicher Verdammnis freigemacht hat und sie dadurch als gerecht in Gottes Augen erscheinen, sondern es ist Gottes heiliger Wille, dass sie ihre Sünden mit dem Munde bekennen und bereuen. Nur dadurch sind sie neugeboren und für das Himmelreich qualifiziert.

Lukas 15, 7   (HB)

Ich sage Euch, so wird auch Freude im Himmel sein, über einen Sünder, der **Buße** tut, mehr als über 99 Gerechte, die der Buße nicht bedürfen.

Apostelgeschichte 17, 30   (HB)

Gott hat nun die Zeiten der Unwissenheit übersehen, jetzt aber verkündigt er den Menschen, dass sich alle an allen Orten bekehren sollen .

Matthäus 4, 17   (HB)

Seit der Zeit fing Jesus an zu predigen und zu sagen: Tut Buße, denn das Himmelreich ist nahe herbeigekommen.

Lukas 15, 10   (HB)

Ich sage Euch, genauso ist Freude bei den Engeln Gottes über einen einzigen Sünder, der sich bekehrt.

Markus 1, 15   (HB)

Die Zeit ist erfüllt, die Königsherrschaft Gottes kommt. Bekehrt Euch und glaubt an das Evangelium.

Selbstverständlich – wie in Kapitel 1 erwähnt wurde, ist Gott allmächtig und **souverän**. Durch die Gnade (Grace) kann er einzelne Menschen als Ausnahme (wie im Alten Testament) ohne Bekehrung und Neugeburt entrücken. Das ist unverantwortlich und nicht Gottes heiliger Wille, wenn der Mensch das Wort „**Gnade**" pauschaliert, als wäre dies alleine ohne Neugeburt (Sündenerkenntnis/Sündenbereuung) als Weg zum Himmelreich ausreichend. Ansonsten kann man mit voller Überzeugung anhand der Bibel, dem Wort Gottes, behaupten und sagen:

Ohne Bekehrung/Neugeburt – kein Eintritt in das Himmelreich

Bekehrung

Gottes heiliger Wille ist, dass die Menschen dem Bekehrungsakt mit großer Freude und Jubel aus folgenden Gründen nachstreben:

Nur durch die Bekehrung:

1. ist der Mensch eine neue Kreatur (neugeborener Leib) und sehr geeignet und qualifiziert für das Leben im Himmelreich

2. erhält er ein Leben ohne schlechtes Gewissen.

3. ist er freigemacht von der ewigen Verdammnis (Römer 8, 1-2)

4. bekommt er den Erweckungsgeist von Jesus Christus

5. ist sein Name im Buch des Lebens geschrieben

6. wird man Bruder oder Schwester von Jesus Christus

7. ist Gott nicht nur der Schöpfer, sondern auch der persönliche Vater

Kommentar:

Dieses sind die wunderbaren großartigen **Früchte der Bekehrung,** wenn man mit voller Überzeugung glaubt, dass Jesus Christus, Gottes Sohn auf dem Kreuz von Golgatha mit immensen Schmerzen, die Strafen, die wir für unsere Sünden und Missetaten verdient hätten, getilgt hat. Wir können nur Gott Dankbarkeit zeigen und das Opfer seines Sohnes würdigen, in dem wir ganz frei und fröhlich leben.

<u>Jesus sagt in</u>

Joh. 14, 6 (Luth)

Ich bin der Weg und die Wahrheit und das Leben; zum Vater kommt man nur durch mich.

(Bekehrung ist der Weg zum Himmelreich)

Durch Jesus Christus entstand mit der Bekehrung der Weg zum Himmel. Es ist selbstverständlich, dass jeder überzeugte Christ den Bekehrungsakt so gestalten kann, wie er durch den Geist Gottes (Heiliger Geist) geführt wird.

Aber <u>Sündenbekenntnis</u> und -<u>bereuung</u> muss der Inhalt jeder Bekehrung sein.

<u>Bekehrung in der Praxis in 2 Schritten</u>

nur als Beispiel:

<u>Folgende 2 Schritte für eine Bekehrung</u>, die der Autor dieses Buches selbst praktiziert hat und seit ca. 50 Jahren von Freunden, Verwandten, Bekannten, und verschiedenen Zuhörern etc. ebenso in Anspruch genommen wird. Es sind dadurch viele sichtbare Früchte entstanden.

1. Schritt

Gott bitten für Kraft, um die Neugeburt durch die richtige Bekehrung zu erleben

Lieber Gott, wunderbarer Schöpfer, Dein Wort sagt in

1. Korinther 2, 5 (auf das Euer Glaube besteht nicht auf Menschenweisheit, sondern auf Gottes Kraft). Deshalb bitte ich Dich lieber Gott von ganzem Herzen, dass Du mich begleitest mit Deinem guten Heiligen Geist und mir **Kraft, Barmherzigkeit und Liebe** gibst, dass ich die richtige Bekehrung für das Himmelreich erlebe und von neuem geboren werde gem. deinem Wort in Joh. 3, 3

2. Schritt

Gebet zu dem Heiland Jesus Christus

Jesus Christus Gottes Sohn, ich danke Dir von ganzem Herzen, dass Du vor ca. 2000 Jahren an mich gedacht hast, als Du Deinen **göttlichen heiligen Leib mit immensen starkem** Leid und Schmerzen als Ersatz (stellvertretend) für die **Strafen**, die ich für meine Sünden und Übertretungen verdient hätte, geopfert hast.

Und heute und jetzt beuge ich mich vor Dir mit voller Demut und Gehorsam und bekenne ausführlich – **soweit ich mich erinnern kann** – meine Sünden, Missetaten und Übertretungen, die ich jahrelang gemacht habe. (z.B. 2007 habe ich betrogen, 2009 habe ich gelogen, 2014 habe ich ein falsches Zeugnis gegeben etc.)

Es tut mir aus **tiefstem Herzen leid** und **ich bereue jede** einzelne Sünde, die ich getan habe. Und ich danke Dir, dass Du meine Reue akzeptiert hast. Gelobt sei Jesu Name durch alle Ewigkeiten.

Eine empfohlene Ordnung bei der Bekehrung:

1. ein ruhiger Raum

2. kniend – Jesus als Vorbild

Nur als Beispiel:

Als ich (Autor) im Alter von 27 Jahren mich bekehrt habe, habe ich dies wie folgt vorgenommen:

a) alle meine Sünden und Übertretungen, an die ich mich damals erinnert habe, wurden von mir in einem 18-seitigen Schulheft eingetragen.

b) ich war stark überzeugt, dass der Herr Jesus Christus durch sein Opfer am Kreuz von Golgatha die Strafe für alle meine Übertretungen und Sünden, die ich in dem 18-seitigen Schulheft aufgeschrieben hatte, bezahlt und getilgt hat.

c) in meinem Schlafzimmer habe ich die Tür geschlossen und die Bibel auf das Bett gelegt und davor gekniet und die beiden Bekehrungsschritte mit Gottes Hilfe vollzogen. Gottes Antwort über jeden Mensch, der eine Bekehrung mit ganzem Herzen erlebt hat:

Johannes 8, 36 (HB)

Wenn der Sohn Euch befreit, dann seid ihr erst wirklich freie Leute

Durch das Erlösungswerk Jesu Christi auf Golgatha bist Du dann 100 % frei von jeglicher göttlicher Strafe über irgend eine Sünde, die Du in Deinem Leben getan hast.

Du kannst für diese Sünde nicht noch einmal bestraft werden.

Sehr wichtig zu wissen:

Durch den Glauben an das Erlösungswerk von Jesus Christus, wissen wir, dass Jesus alle Strafen, die wir verdient hätten, bereits am Kreuz auf Golgatha getilgt hat. Diejenigen, die diese Wahrheit glauben, die bekommen kein schlechtes

Gewissen mehr für ihre Sünden, die sie gemacht haben und können ganz ruhig mit göttlichem Frieden schlafen.

Dies ist wie folgt zu erklären:

Gottes Wort sagt, dass unser Schöpfer, unser Gott heilig, heilig, heilig und gerecht ist.

Ich bin als Autor überzeugt, dass dieser heilige Gott keinen Menschen für seine Sünden strafen kann, die Jesus Christus auf dem Kreuz von Golgatha schon getilgt hat, denn dann würde ER ungerecht sein.

Weitere Erklärung: Wenn ein Angeklagter weltlich gesehen für seine Schuld von seinem Richter z.B. eine Gefängnisstrafe von 6 Jahren erhält, dann kann ihn kein anderer Richter für dasselbe Vergehen noch einmal verurteilen.

Kapitel 7

Was bekommt der Mensch von Gott für Geschenke, aber nur durch die Neugeburt?

Folgendes sind Gottes liebe Geschenke, die man gleich nach der Neugeburt durch die **Bekehrung** bekommt; und nicht vorher, denn dann wäre das Selbsttäuschung.

A) Neue Kreatur – neu geboren

Durch dieses Opfer von Jesus Christus bin ich eine neue Kreatur als Neugeborener geworden, die qualifiziert ist, in das Himmelreich hinein zu gehen.

2. Korinther 5, 17 (luth) noch einmal dieser Vers

Ist jemand in Christus, so ist er eine neue Kreatur - Das Alte ist vergangen, siehe es ist alles neu geworden.

Erklärung:

Die alte Kreatur war durch die **Erbsünde und eigene Sünde verseucht.** Diese neue Kreatur, die für das Himmelreich qualifiziert ist, ist das, was der Neugeborene durch die Bekehrung (Sündenbekenntnis und Sündenbereuung) bekommt. Das heißt auch: Die Neugeborenen (sind zusätzlich zu ihrer menschlichen Geburt) von neuem geboren, aber nicht aus verweslichem Samen, sondern nur durch Gottes Wort (unverweslicher Samen). Genauso war es bei Jesus Christus. Er ist erst gezeugt worden von seinem himmlischen Vater und nachher von Maria neu geboren worden, aber nicht aus verweslichem Samen von Joseph, ihrem Mann.

1.Petrus 1, 23 (Elberf)

Ihr seid nicht wiedergeboren aus verweslichem Samen, sondern aus unverweslichem, durch das lebendige und bleibende Wort Gottes.

B)　Keine Verdammnis

Der Neugeborene kann auch mit vollem Recht sagen und behaupten: Mein himmlischer Vater hat mich persönlich ganz stark geliebt und mir die große Gnade erwiesen, dass ich seine göttliche Kraft bekommen habe und glaube, dass sein Sohn Jesus Christus, die Strafe für alle meine Sünden, Missetaten, Übertretungen vollkommen mit seinem Tod am Kreuz bezahlt hat und ich dadurch von jeglicher Verdammnis frei geworden bin.

Römer 8, 1-2　　(NL)

Also gibt es jetzt für die, die zu Christus Jesus gehören, keine Verurteilung mehr. Denn das Gesetz des Geistes, der lebendig macht in Christus Jesus, hat dich frei gemacht von dem Gesetz der Sünde und des Todes

C)　Das Ewige Leben

Ewiges Leben, wo kein Leid, Krankheit, Angst, Sorge bedrückt, sondern das Gegenteil: Glücklichsein, Freude, Friede etc. Der Neugeborene kann mit vollem Recht von sich behaupten und sagen: Ich bin nach dem Wort Gottes Johannes 3 Vers 3 neugeboren und ich werde das ewige Leben im Himmel bei Gott und seinem Sohn Jesus Christus ohne Ende glücklich haben

Noch einmal:

Johannes 3 Vers 3 gem. unserem Code

Jesus sagt zu Nikodemus: Ich sage Dir, wenn jemand nicht von neuem geboren wird, kann er das Reich Gottes nicht sehen

Aber wenn der Mensch von neuem geboren wird, kann er nicht nur das Himmelreich sehen, sondern er kann mit Gott und seinem Sohn ohne Ende glücklich leben

D) Jesu Erweckungsgeist haben

Und wenn ich als Neugeborener sterbe, dann ist der Geist, den ich durch meine Neugeburt bekommen habe, derselbe Geist, der Jesus von den Toten auferweckt hat – der wird mich auch von meinem toten Zustand auferwecken und lebendig machen für das Himmelreich

Römer 8, 11 (NL)

Der Geist, der Jesus von den Toten auferweckt hat, der lebt in Euch. Und so wie er Christus von den Toten auferweckte, wird er auch euren sterblichen Körper durch denselben Geist lebendig machen, der in euch lebt.

E) mein Name ist im Buch des Lebens geschrieben

Mein Name ist in dem Buch des Lebens als Himmelsbürger eingetragen und ich wohne im Hause Gottes

Epheser 2, 19 (HB)

Nun seid ihr nicht mehr Fremde oder nur Zugelassene, sondern Vollbürger in der Gemeinschaft der Heiligen ja, sogar Gottes Hausgenossen.

Dazu eine ganz einfache Erläuterung.

Die Asylanten bzw. Flüchtlinge haben ganz schwere Anstrengungen mit viel Strapazen, Mühen, Entbehrungen und Kosten auf sich genommen, um an die Grenze zu Deutschland oder zu einem anderen europäischen Land zu kommen.

Diese Flüchtlinge und Asylanten sind zunächst für die deutschen Behörden Ausländer und Fremdlinge und sie dürfen nur durch die Grenze in das Land kommen, wenn sie die Berechtigung nachweisen können, dass sie nicht von einem sicheren Herkunftsland kommen (gemäß der heutigen Lage). Nur wenn sie die Bedingungen erfüllen, sind sie berechtigt, in das Land zu kommen. Genauso können die, die nicht von neuem geboren sind, also nicht qualifiziert sind, nicht in das Reich Gottes kommen.

Zurück zu den Flüchtlingen:

Erst nach einem erfolgreichen Asylverfahren und späterem Einbürgerungsverfahren, das oft Jahre dauert, kann der Fremdling als Vollbürger in die Gemeinschaft der Deutschen aufgenommen werden. Die himmlischen Neugeborenen sind durch die Bekehrung vollkommen qualifiziert, gleich als Vollbürger in die Gemeinschaft der Heiligen aufgenommen zu werden.

F) Söhne und Töchter Gottes

Die Neugeborenen kommen nicht nur als vollberechtigte Vollbürger in das Himmelreich, sondern als Söhne und

Töchter Gottes, die in demselben Wohnhaus wohnen werden, wie ihr himmlischer Vater und ihr Bruder Jesus Christi.

Die Neugeborenen sind mit vollem göttlichen Recht Söhne und Töchter Gottes und damit auch Geschwister von dem Herrn Jesus Christus. Weil die Neugeborenen glauben, dass Jesus Christus, Gottes Sohn mit seinem Opfer und geflossenem heiligen Blut auf dem Kreuz von Golgatha sie von jeglicher Strafe für Übertretungen und Missetaten freigemacht hat, so sind sie **automatisch die Auserwählten** von Gott als Söhne und Töchter Gottes, und damit auch **selbstverständlich** Brüder und Schwestern von dem Herrn Jesus Christus

Epheser 1 V 3, 4, 5 ,7   (HB) (noch einmal dieser Vers)

Anbetung und Dank Gott und dem Vater unseres Herrn Jesu Christ. In IHM hat er eine Fülle geistlichen Segens über uns ausgeschüttet, der nicht von dieser Welt ist. In IHM hat er uns auserwählt, bevor dieser Kosmos geschaffen wurde, damit wir unter seinen Augen ein heiliges, untadeliges Leben führen möchten. Seine Söhne (bzw. Töchter) dürfen wir sein durch Jesus Christus. Das hat er so in seiner Liebe vorausbestimmt. Das war

sein gnädiger Wille über uns. In IHM haben wir die Erlösung durch sein Blut und die Vergebung unserer Schuld nach dem Reichtum seiner Gnade.

Und Gott hat dies selber in folgendem Text bestätigt, dass die Neugeborenen, die an Jesu Opfer und Erlösungswerk glauben, die sind vor Beginn der Zeit auserwählt als Brüder und Schwestern von Jesu Christi.

Römer 8, 29   (NL) (noch einmal dieser Vers)

Denn Gott hat sie schon vor Beginn der Zeit auserwählt und hat sie vorbestimmt, seinem Sohn gleich zu werden, damit sein Sohn der Erstgeborene unter vielen Geschwistern werde.

Wenn man tief im Glauben dies als eine göttliche unerschütterliche Wahrheit annimmt, dass Jesus Christus, Gottes Sohn, unser himmlischer Bruder ist, dann erquickt dies unsere Seele als frische Luft für unseren Glauben an Gottes Wort.

G)   Gott als unser himmlischer Vater

Und Gott selber hat in den nächsten 2 Bibelversen bestätigt, dass die Neugeborenen nicht nur seine Schöpfung, sondern seine Söhne und Töchter sind und die Neugeborenen dürfen IHN „Abba" (Daddy) rufen.

Galater 4, 6   (HB) (nochmal dieser Vers)

Weil ihr nun Söhne seid, hat Gott den Geist seines Sohnes in unsere Herzen gegeben der da laut ruft: Abba, das bedeutet guter Vater. So bist du (der Neugeborene) nicht mehr Sklave, sondern Sohn, und als Sohn nach Gottes Willen durch Christus auch Erbe

2. Korinther 6, 18   (HB)

Ich will Euch aufnehmen und Vaterstelle an Euch vertreten. Ihr sollt meine Söhne und Töchter sein, spricht der Herr aller Herrscher

Das ist noch einmal eine Bestätigung von Gott, dass wir, die Neugeborenen, Seine Söhne und Töchter sind und Gott selber unser himmlischer Vater ist.

H) Die Neugeborenen haben den Heiligen Geist

Nur die Neugeborenen als Söhne und Töchter Gottes be-kommen den Heiligen Geist (denselben Geist wie ihn Jesus Christus hat)

Noch einmal die 2 Verse als Bestätigung, dass wir densel-ben Heiligen Geist haben wie Jesus Christus, Gottes Sohn, wenn wir neugeboren sind:

Römer 8, 11 (NL)

dieses Mal als Bestätigung, dass wir den Heiligen Geist haben, wie Jesus Christus

Der Geist Gottes, der Jesus von den Toten auferweckt hat, lebt in euch. Und so wie er Christus von den Toten auferweckte, wird er auch euren sterblichen Körper durch denselben Geist lebendig machen, der in euch lebt.

Galater 4, 6 (Elberf)

Weil ihr aber Söhne seid, sandte Gott den Geist seines Sohnes in unsere Herzen, der ruft: Abba, Vater!

I) Jesus hat unsere Krankheiten getragen

Die neugeborenen überzeugten Christen haben den größten Trost und Hilfe in Krankheiten, da sie glauben, dass der Herr evon der Verdammnis und Hölle erlöst hat, sondern er hat auch ihre Krankheiten mit vielen Schmerzen auf seinem Leib getragen und ertragen.

Matthäus 8, 17   (NL)

Damit erfüllte sich das Wort Gottes, dass der Prophet Jesaja gesprochen hatte. Er nahm unsere Leiden auf sich und er trug unsere Krankheiten.

Dieser letzte Vers ist eine super alltägliche Tröstung und Erleichterung für leidende, stöhnende überzeugte Christen. (Neugeborene).

J) Die Neugeborenen haben reservierte himmlische Wohnungen

Mit vollem Recht ist ein Neugeborener ganz überzeugt, dass er nach dem Tod im Himmelreich in einer großen Wohnanlage im Haus Gottes eine Luxuswohnung mit vollem Komfort bekommt, wo er keine Miete zu zahlen und keine Reparaturen zu machen braucht und von Ewigkeit zu Ewigkeit ohne Ende lebt.

Johannes 14, 2 + 3   (NL)

Es gibt viele Wohnungen im Haus meines Vaters und ich gehe voraus, um euch einen Platz vorzubereiten. Wenn es nicht so wäre, hätte ich es Euch denn so gesagt, wenn dann alles bereit ist, werde ich kommen und euch holen, damit ihr immer bei mir seid, dort wo ich bin.

Noch einmal dieser Vers,

Epheser 2, 19-21   (HB) **(sh. Kap. 6 Abs.2),**

aber dieses Mal ist, dass wir nach unserem Tod im himmlischen Gottes Haus wohnen.

Nun seid ihr nicht mehr Fremde oder nur Zugelassene, sondern Vollbürger in der Gemeinschaft der Heiligen, ja

sogar <u>Gottes Hausgenossen</u>, ein Bauwerk Gottes, auf-
gebaut auf der Grundlage der Apostel und Propheten,
wobei Christus der krönende Schlussstein (oder tra-
gende Grundstein) ist. In ihm wächst der ganze Bau em-
por, zu einem heiligen Tempel im Herrn. In IHM seid
auch ihr eingefügt und es entsteht so eine heilige Wohnung Gottes im Geist.

Kapitel 8

Schluss mit der Beschäftigungstherapie

Unser heiliger Gott und Schöpfer hat uns Menschen (seine Geschöpfe) so grandios und stark geliebt, dass er seinen einzigen lieben Sohn auf die Welt geschickt hat – und er hat es zugelassen, dass die Juden seinen Sohn bespucken, verlachen, lästern und am Ende mit großen Nägeln kreuzigen und das mit unvorstellbarem Leid und immensen Schmerzen.

Die neugeborenen Pastoren, Evangelisten etc., die von dem großen Gott durch seinen Geist (dem Heiligen Geist) extra berufen sind, sollen **würdig** die **ganze**, die **vollkommene**

Frohe Botschaft vom Erlösungswerk Jesu Christi

lehren und predigen und **nicht nur die Hälfte** der **Frohen Botschaft** (sh. Abschnitt A), damit viele Menschen neugeboren werden und zum Himmelreich kommen und mit dem großen Schöpfer und seinem Sohn Jesus Christus ewiglich ohne Ende leben.

Die vollkommene christliche Frohe Botschaft besteht aus den 2 Abschnitten A und B

Abschnitt A

die Hälfte der Frohen Botschaft Abschnitt A ist, dass die Gläubigen an das Erlösungswerk Jesu Christi auf Golgatha (siehe Kapitel 3) glauben, dass sie Jesus Christus als ihren guten Hirten, Bruder, Tröster, Lehrer und Freund annehmen, um glückliche erfolgreiche, gesunde, friedliche, aber nur für **das irdische Leben begrenzte Jahre** damit leben. Dafür hat Gott aber seinen Sohn absolut **nicht nur** auf dem Kreuz von Golgatha mit viel Schmach und viel Verhöhnung leiden lassen,

sondern Gott hat seinen Sohn auch für die andere Hälfte der Frohen Botschaft sh. Abschnitt B geopfert.

Abschnitt B

Das große heilige Herzensanliegen von Gott war und ist, dass die von ihm und mit Hilfe seines Sohnes Jesus Christus geschaffenen schönen und intelligenten Geschöpfe nicht nur irdisch glücklich leben und nachher ewiglich verdammt werden, sondern seine für Menschen unvorstellbare, göttliche, heilige Liebe war, dass seine Geschöpfe (Menschen), die neu geboren werden durch Bekehrung (Sündenbekenntnis und Sündenbereuung), **nach ihrem irdischen Leben** als Gottes Söhne und Töchter sterben und zu Ihm (zu Ihrem Schöpfer) kommen, um mit Ihm und seinem Sohn ewiglich und ohne Ende – den Kosmos regieren und verwalten und in der **großen Wohnanlage,** wo unser himmlischer Vater, der allmächtige große Schöpfer wohnt, ewiglich leben. **(Epheser 2, 19)**

Noch präziser formuliert:

Das ist absolut nicht ausreichend in Gottes Augen, dass viele der christlich geistlichen Verantwortlichen sich hauptsächlich auf Abschnitt A (= halbe Frohe Botschaft) konzentrieren.

Gottes Wille ist, dass die durch seine Gnade berufenen christlichen Lehrer und Prediger die ganze Frohe Botschaft verkündigen nämlich Abschnitt A und Abschnitt B. Leider, leider wird in manchen Gemeinden und Kirchen nicht die vollkommene Frohe Botschaft Abschnitt A und B verkündet, sondern Abschnitt A und ganz wenig von Abschnitt B. Ohne

Abschnitt B gibt es keine vollkommene Frohe Botschaft (Evangelium) und kein Leben mit Gott ewiglich.

Im Alltag sieht das so aus:

Wöchentliches bzw. jährliches Arbeitsprogramm für übliche Glaubensaktivitäten in manchen christlichen Gemeinschaften:

Nochmal möchte hier der Autor mit Nachdruck zum Ausdruck bringen, wie immens wichtig die Botschaft von der Neugeburt für jeden Menschen ist. Ohne kontinuierliches Predigen, Beten, Singen über die Neugeburt als Hauptauftrag Gottes (hierfür hat Gott hauptsächlich seinen Sohn geopfert), ergeben sich Verluste in der Anzahl derer, die zum Himmelreich kommen. Wie das meist leider üblich ist, hält der Pastor, Prediger etc. Sonntag für Sonntag nur einen **gut** organisierten Gottesdienst mit aktuellen Themen und legt seine Predigt gut und perfekt aus. Dazu vielleicht einmal in der Woche Hauskreis, Singen und auch jährlich 2 bis 3 mal Einsätze in der Fußgängerzone, Seminarveranstaltungen etc. Das alles wird unserem himmlischen Vater sehr gut gefallen und erfreuen. Aber vielleicht wird dieser fleißige Pastor

im ganzen Jahr nur einmal bzw. gar nicht über die **Neugeburt, Erbsünde, Bekehrung** (Sündenbekenntnis und Sündenbereuung) und auch nicht über das Thema „**Söhne und Töchter Gottes"** predigen.

Wer ist verantwortlich, wenn einer unserer lieben Gemeindemitglieder einen Unfall erleidet und stirbt und nicht neugeboren ist, <u>weil</u> er von dieser Neugeburt und Bekehrung nicht reichlich, leidenschaftlich und mit Nachdruck gehört hat?

Wer ist verantwortlich, dass er nicht in das Himmelreich bei Gott unserem Schöpfer kommt?

Als **hervorragende würdige Gemeinde** gilt, wenn der Hirte (Pastor) jede Woche **einmal** von seiner Kanzel seine „Schäflein" anschaut und **Inventar** macht, wer schon neugeboren ist und wer noch Schwierigkeiten bei der Neugeburt hat oder wer sogar dagegen ist.

Dann wird Gott mit seinem Geist dem Pastor nicht nur die Kraft und Weisheit geben, dass er die richtigen Gespräche mit den Betreffenden, die nicht an einer Neugeburt interessiert sind, führt, sondern auch die richtigen Gebete für diese Menschen geben. Dann wird jeden Sonntag von dieser Gemeinde, von ihrem Schornstein ein Wohlgeruch bis in den Himmel hinein emporsteigen und dann wird Gott viele Früchte für die Ewigkeit sichtbar und unsichtbar vermehren. Und die geistlich Verantwortlichen für die Gemeinde können mit einem guten und besten Gewissen in Bezug auf die Gemeindearbeit zum Schlafen gehen, denn sie haben das volle Evangelium, die volle Frohe Botschaft, verkündigt.

So, wie das Gott will, ohne wenn und aber und ohne selbstgemachte fromme Theorien, Traditionen und Gesetze

Sichtbare Freude über die ganze Frohe Botschaft

Der allmächtige Gott hat eine ganz große göttliche Freude an den Gemeinden, Kirchen etc. wo die Neugeburt nach Johannes 3, 3 durch Bekehrung mit Sündenbekenntnis und Sündenbereuung als Hauptziel festgesetzt worden ist. Und dies für alle ihre christlichen Glaubensaktivitäten von Predigten, Beten, Singen, Evangelisieren etc.

Ohne Neugeburt als Ziel ist es für die Menschen unmöglich, in das Himmelreich zu kommen und ohne Ende mit Gott und seinem Sohn zu leben. Und dann wären alle Aktivitäten in den Glaubenswerken **nur** eine **Beschäftigungstherapie**, - nämlich, dass sich die Menschen in den christlichen Gemeinden und Kirchen nur frei ‚glücklich und wohl fühlen und leben bis der Tod kommt – und dann?!! Was dann, wenn die Menschen nicht in das Himmelreich kommen weil sie nicht qualifiziert sind (weil sie nicht neugeboren sind)??

Ich als Autor, möchte gerne und höflich zum Schluss dieses Kapitels und für einen guten Zweck das Vorstellungsvermögen des Lesers dieses Buches strapazieren und folgendes Visionsbild aufzeigen:

Das wäre sehr schön:

Dass in vielen Gemeinden und Kirchen Sonntag für Sonntag viele Menschen als **Söhne und Töchter Gottes** (Geschwister von unserem Herrn und Heiland Jesus Christus) sitzen, die durch die Neugeburt/ Bekehrung von Gott **begnadigt** und auserwählt sind, einmal in das Himmelreich zu kommen. Dann fangen die Himmelscharen der Engel Halleluja, Halleluja, Halleluja mit Posaunenbegleitung zu singen und loben und preisen an und zwar über den **sichtbaren würdigen** Sieg Jesu Christi über die finsteren Mächte auf dem Kreuz von Golgatha. Diese Geschwister von unserem Herrn Jesus Christus sind die besten qualifizierten Menschen für eine ganz große **Erweckung.**

Kapitel 9

geistliches Alltagssiegesleben der Neugeborenen

Der allmächtige Gott hat den vollkommenen göttlichen Frieden den Neugeborenen gegeben, weil sie das **Höchste und das Heiligste,** was Gott von den Menschen gefordert bzw. verlangt hat, erledigt haben, in dem sie die Bekehrung (Sündenbekenntnis/ Sündenbereuung) mit vollem Gehorsam und Demut und mit voller Überzeugung vollbracht haben.

Römer 5, 1 + 2   (NL)

Da wir nun durch den Glauben von Gott für gerecht erklärt worden sind, haben wir Frieden mit Gott durch das, was Jesus, unser Herr für uns tat. Christus hat uns durch den Glauben ein Leben aus Gottes Gnaden geschenkt, in der wir uns befinden, und wir sehen voller Freude der Herrlichkeit Gottes entgegen.

Und Gott hat nicht nur vollkommenen Frieden mit Neugeborenen, sondern er liebt die Neugeborenen aus dem tiefsten seines Herzens, weil sie an das Opfer seines Sohnes auf dem Kreuz von Golgatha glauben und dies würdigen.

Keine Macht kann die ewige göttliche Liebe zu den Neugeborenen, nicht im Himmel und nicht auf der Erde entfernen, wegnehmen, löschen oder trennen.

Römer 8, 38-39   (HB)

Nicht Tod, nicht Leben, nicht Engel, nicht irgendwelche andere Gewalten, nicht Gegenwart, nicht Zukunft, nicht irgendwelche anderen Mächte, wären sie in der Höhe oder in der Tiefe, nicht irgend etwas Geschaffenes, nichts, gar nicht kann uns trennen von der Liebe Gottes, die uns in Jesus Christus unserem Herrn erschienen ist.

Das war ursprünglich Seine grandiose, heilige unendliche Liebe, dass die Neugeborenen nicht nur in dem himmlischen Reich ewiglich und glücklich mit Seinem Sohn ohne Leid, Sorgen und Krankheit etc. leben und herrschen, sondern Gott hat für die Neugeborenen einen grandiosen, wunderbaren Alltagsplan für ihr irdisches Leben **durch Verheißungen in seinem Wort**, von denen ich als Autor manche als

Begriffe in meinem Glaubens-, Arbeits-, Familienleben in Anspruch genommen und praktiziert habe.

Zum Beispiel:

A) Mutig und stark

2.Timotheus 1,7 (NL)

Denn Gott hat uns nicht einen Geist der Furcht gegeben, sondern einen Geist der Kraft, der Liebe und der Besonnenheit

Die Neugeborenen als Söhne und Töchter Gottes können mit voller Zuversicht sagen:

Hebräer 13, 6 (NL)

Deshalb können wir zuversichtlich sagen, der HERR steht zu mir, deshalb fürchte ich mich nicht, was können mir Menschen anhaben.

B) Starkes Selbstvertrauen

Philipper 4, 13 (NL)

Denn alles ist mir möglich, durch Christus, der mir die Kraft gibt, die ich brauche

und die Neugeborenen haben starkes Selbstvertrauen, dass ihr himmlischer Vater sie so wunderbar stark und vollkommen geschaffen hat

wie der Psalmist mit vollem Erstaunen mit seinem Schöpfer spricht:

Psalm 8, 4 – 7 (NL)

Wenn ich den Himmel betrachte und das Werk Deiner Hände sehe, den Mond und die Sterne, die du an ihren Platz gestellt hast, wie klein und unbedeutend ist da der Mensch und doch denkst DU an ihn und sorgst für ihn, denn DU hast ihn nur wenig geringer als Gott gemacht und ihn mit Ehre und Herrlichkeit gekrönt. Du hast ihn über alles gesetzt was DU erschaffen hast und ihm Vollmacht über alles gegeben.

Der Psalmist verherrlicht Gottes Taten

C) Bodyguard für das ganze Leben

Unser Herr Jesus Christus ist bei den Neugeborenen in ihrem ganzen Leben ganz nah, viel besser als ein Bodyguard bei großen Politikern, Superreichen, etc. - weil Jesus Christus, der Sohn Gottes dieselbe göttliche Kraft, Weisheit, Bewahrung wie sein Vater, der große Schöpfer, hat.

Matthäus 28, 20   (NL)

Lehrt sie alle Gebote zu halten, die ich euch gegeben habe. Und ich versichere euch: Ich bin immer bei euch bis an das Ende der Zeit.

D) G.P.S.-Navigationssystem Gottes

Wir haben denselben Geist, der Jesus Christus von den Toten erweckt hat nach Römer 8, 11 und Galater 4, 6

Johannes 16, 13   (NL)

Doch, wenn der Geist der Wahrheit kommt, wird er Euch in alle Wahrheiten leiten. Er wird Euch sagen, was er gehört hat. Er wird euch von dem erzählen, was kommt.

Der Heilige Geist, der nur in den Herzen der Neugeborenen lebt, informiert und warnt nicht nur, bevor Anfechtungen und Lebensprobleme kommen, sondern er gibt auch durch Gottes Kraft den richtigen Rat und Weisheit, wie Probleme gelöst werden und zeigt den nächsten Schritt auf dem richtigen Weg.

Johannes 14, 6 (NL)

Ich bin der Weg und die Wahrheit und das Leben; niemand kommt zum Vater außer durch mich

Erklärung:

Jesus Christus ist selber der Wegweiser durch das GPS Gottes (den Heiligen Geist) von Deiner irdischen Wohnungsadresse bis zu Deiner neuen Wohnung im Hause Gottes.

E) Nur nicht gleich verzagen – Hilfe in jeder Situation

Hebräer 13, 5 (NL)

Hängt Euer Herz nicht ans Geld und begnügt Euch mit dem was ihr habt. Denn Gott hat gesagt, ich werde Dich nie verlassen und Dich nicht im Stich lassen

Gott lässt dich nicht alleine bei Arbeitslosigkeit, plötzlicher Panne bei der Autobahn, erschreckende ärztliche Diagnose, Hurrikan, Tornado u.a.

F) Starke rechtsanwaltliche Verteidigung

Gott lässt seine Söhne und Töchter, die neugeboren sind. nicht alleine, wenn Menschen mit Nachdruck und skrupellosen Praktiken und dubiosen Machenschaften versuchen, sie übers Ohr zu hauen.

Römer 8, 31 (NL)

Was kann man dazu noch sagen, wenn Gott für uns ist, wer kann da noch gegen uns sein.

<u>Römer 8, 34</u>   (NL)

Wer sollte uns verurteilen? Christus Jesus selbst ist ja für uns gestorben, mehr noch – er ist auferstanden. Er sitzt an dem Ehrenplatz zur rechten Seite Gottes und tritt für uns ein.

G) <u>Dient alles zu unserem Besten</u>

<u>Römer 8, 28</u>   (NL)

Und wir wissen, dass für die, die Gott lieben und nach seinem Willen zu IHM gehören, alles zum Guten führt.

Viele der Jünger und Jüngerinnen, die zu Gott als Neugeborene gehören, sind überzeugt, dass alles, was in ihrem Leben auch an Negativem und unerwarteten Niederlagen passiert, letzten Endes nur zu ihrem Wohlergehen und Besten dient.

H) Die wunderbaren Gaben Gottes

Die Neugeborenen nach Johannes 3, 3 und nach Galater 4, 6 haben denselben Geist wie Jesus Christus. Sie sind **immer qualifiziert** und bereit **(nach ihrer Neugeburt - und nicht vorher),** dass Gott nach seinem Ermessen jederzeit, die Gaben wie Zungenreden, Prophezeiungen, Heilung etc. in ihnen **aktivieren kann** und nicht nur, um mehr himmlische Früchte zu sammeln, sondern auch ihren Glauben an Jesus Christus, Gottes Sohn zu verstärken.

Kapitel 10

I.   Glaubens<u>beziehung</u> der Neugeborenen zu ihrem Schöpfer

II. Glaubenshaupt<u>dienst</u> der Neugeborenen im Alltag

Die Neugeborenen sind zuerst **vollkommen überzeugt**, dass sie durch die Bekehrung (Sündenbekenntnis/ Sündenbereuung) in das Himmelreich hineinkommen, um mit ihrem himmlischen Vater und seinem Sohn Jesus Christus als Bruder ewiglich, unendlich (ohne Ende), glücklich und siegreich zu leben. Und die **neu** Neugeborenen haben noch **zwei aktuelle Fragen**:

Wir leben noch auf diesem blauen Planet der Erde, aber

<u>Erste Frage:</u>

<u>Wie sieht unsere Glaubensbeziehung als Neugeborene mit unserem himmlischen Vater jeden Tag neu aus?</u>

<u>Zweite Frage:</u>

<u>Glaubenshauptdienst der Neugeborenen im Alltag</u>

Antwort zur ersten Frage;

Glaubensbeziehung der Neugeborenen zu ihrem Schöpfer

1. Johannes 4, 17   (NL)

Und wenn wir in Gott leben, dann kommt seine Liebe in uns zum Ziel. Und wir können dem Tag des Gerichts mit Zuversicht entgegensehen, <u>denn wir leben in dieser Welt in derselben Gemeinschaft mit Gott wie Christus.</u> Und unsere Liebe kennt keine Angst, weil die vollkommene Liebe alle Angst vertreibt. Wer noch Angst hat, rechnet mit Strafe und das zeigt, dass seine Liebe in uns noch nicht vollkommen ist. Wir wollen lieben, weil er uns zuerst geliebt hat

Römer 5, 2   (NL)

Christus hat uns durch den Glauben ein Leben aus Gottes Gnade geschenkt, in der wir uns befinden und wir sehen voller Freude der Herrlichkeit Gottes entgegen.

Und als Leitfaden für die Neugeborenen für ihr tägliches Leben:

Eine göttliche Formel für Dauerfreude und Sieg:

„Je mehr"

„Je mehr" Du Dich im Glauben freust, dass Jesus Christus, Gottes Sohn, alle Strafen für Deine Sünden und Übertretungen getilgt und bezahlt hat, -

„Je mehr" bist Du Gottes Wohlgeruch und bekommst mehr Kraft, Liebe, Freude, Gesundheit (körperlich, seelisch) und Sieg

Antwort zur zweiten Frage:

Glaubenshauptdienst der Neugeborenen im Alltag

Was für alltägliche Dienste haben die Neugeborenen in ihrem neuen Leben?

Gottes heiliger Wille ist, dass die Neugeborenen in das Himmelreich **nicht mit leeren Händen** (leere Hände = ohne Schätze) hineinkommen.

Matth. 6, 20 (HB)

Sammelt euch aber Schätze im Himmel, wo

weder Motte noch Rost zerstören und wo

Diebe nicht einbrechen und nicht stehlen.

Kein einziges gutes Werk eines Neugeborenen geht verloren.

Offenbarung 14, 13 (NL)

Und ich hörte eine Stimme aus dem Himmel sagen: Schreibe auf! Gesegnet sind die, die von nun an im Herrn sterben. Ja, spricht der Geist, sie sollen von allen ihren Mühen ausruhen, denn ihre guten Taten folgen ihnen nach.

Die besonders göttlichen teuren, ewig bleibenden, grandiosen und wertvollen Schätze, **die die Neugeborenen sammeln sollen, ist das Verbreiten der vollen frohen Botschaft des Evangeliums** überall für Jedermann – aber der **ganzen Frohen Botschaft**

Es würde unserem himmlischen Vater als unvergänglichen göttlichen Schatz gefallen, dass die Neugeborenen (Söhne und Töchter Gottes) in unseren heutigen Städten und Dörfern und überall spirituell geistlich die Frohe Botschaft verbreiten und eine große Erweckung hervorrufen.

Es ist uns allen sicher bekannt, dass Gottes Wort, die Bibel, aus vielen wertvollen und von Gott inspirierten Büchern besteht. Hier kann man als Beispiel die Apostelgeschichte in Betracht nehmen, um zu zeigen, wie damals nicht nur die Apostel, sondern die Jünger und Jüngerinnen, die Regionen, Städte, Dörfer mit der Frohen Botschaft revolutioniert und auf den Kopf gestellt haben.

Zum Beispiel in Kapitel 11 der Apostelgeschichte haben die Jünger und Jüngerinnen mit ihren unermüdlichen, leidenschaftlichen, evangelistischen Einsätzen öffentlich die Frohe Botschaft bis in die arabischen Länder, Sizilien, Mazedonien, Griechenland verkündigt.

Die Zahl der überzeugten Christen wuchs und wuchs ununterbrochen ganz schnell. Die Menschen haben sich bekehrt zu dem Herrn und wurden getauft. Die Menschen damals, aus den verschiedensten gesellschaftlichen Klassen haben ihre Häuser und Hütten verlassen und kamen in großen Scharen zu den Städtezentren und Versammlungsorten und Basars (den damaligen Supermärkten), um die Frohe Botschaft zu hören. Und vor lauter Glaubensfreude, dass ihre Kranken geheilt wurden, haben sie groß gefeiert. Das nur als Beispiel, wie damals die Apostel und Jünger und Jüngerinnen (heutzutage die Neugeborenen) mit Gottes Kraft Früchte gesammelt haben. Und bevor Du als Neugeborener morgen mit den ersten Schritten anfängst, das Wort Gottes und die Frohe Botschaft zu verbreiten, sollst Du wissen, dass Dein Schöpfer Dir dieselben geistlichen Mittel und Werkzeuge – wie damals bei den Jünger und Jüngerinnen – zur Verfügung stellt.

Wir haben denselben Sohn Gottes

(weil Jesus lebt)

der uns powerful bei unseren Evangelisationseinsätzen unterstützt und hilft. Und ER ist sehr glücklich, wenn wir zur

Verbreitung der Frohen Botschaft von seinem Erlösungswerk von dem Kreuz auf Golgatha unterwegs sind.

Hebräer 13, 8 (HB)

**Jesus Christus bleibt immer derselbe, gestern, heute
und durch alle Zeitalter hindurch.**

Wir haben denselben Geist (den Heiligen Geist),

wie unser Herr Jesus Christus, Gottes Sohn, der
uns mit göttlicher GPS (Heiliger Geist) motiviert und dirigiert
und von jeglichem Unheil und Anfechtungen schützt und be-
wahrt.

Wir haben Gottes Wort viel mehr intensiver bzw. ausführlicher und reicher,

als damals bei den ersten christlichen Gemeinden, die nur
das **Alte Testament** und die Psalmen hatten.

Wir haben allerdings heute ein wunderbares hochentwickeltes effektives Instrument bzw. Werkzeug,

das damals vor ca. 2000 Jahren für die Verbreitung des Evangeliums, der Frohen Botschaft vom Erlösungswerk Jesu Christi den Jünger und Jüngerinnen nicht zur Verfügung stand.

Und das ist die **EDV, den Computer, Facebook, Twitter, WhatsApp** etc. Durch diese Möglichkeiten kann heute die **neugeborene Generation** tausende Menschen in vielen Ländern und Sprachen von Zuhause aus ausführlich und effektiv ganz leicht mit der Frohen Botschaft erreichen.

Kapitel 11

Kurzfassung, komprimiert in Punkten der Frohen Botschaft von der Neugeburt

Johannes 3, 3 (nochmal folgenden Vers)

Jesus erwiderte Nikodemus: Ich versichere Dir, wenn jemand nicht von neuem geboren wird, kann er das Reich Gottes nicht sehen.

Diese folgende **Kurzfassung** in Punkten der Frohen Botschaft von der Neugeburt, der Befreiung und dem Erlösungsopfer von Jesus Christus auf dem Kreuz von Golgatha ist sehr **geeignet,**

a) für Leser dieses Buches als **Schnellüberblick** über die vorigen Seiten der Haupt- und Kerngedanken, wie man zur Neugeburt kommt und sie erlebt.

b) für überzeugte Christen, ganz besonders Pastoren, Priestern, Evangelisten usw. deren Herzen brennen, die Frohe Botschaft weiterzusagen bei jeder Alltagsgelegenheit, z.B. beim Zugfahren zur gegenübersitzender Person und auch beim Flugzeug zur nebensitzender Person und selbstver-ständlich bei Straßeneinsätzen, um die Frohe Botschaft in **Punkten leicht und deutlich** weiterzusagen. Hier ist sehr zu empfehlen, die folgenden Punkte im Kopf einzuprägen bzw. auch zur Gottes Ehre auswendig zu lernen.

Nun die komprimierte Kurzfassung über die Neugeburt in Punkten

Punkt A

Gottes Wort sagt in der Bibel in 1. Korinther 15, 50, dass alle Menschen auf unserem blauen Planet von Geburt an (Psalm 51, 7) keinen geeigneten tauglichen Körper (Leib) haben, um in das Himmelreich hinein zu kommen.

Punkt B

Zwei schreckliche Gründe gibt es, die unseren Körper un-tauglich machen für das Himmelreich

1. Erbsünde von Adam

2. unsere eigene Sünde

Punkt C

1. Grund: Die Erbsünde

Die Erbsünde kommt von Adam, weil er gegen Gottes Willen von dem Erkenntnisbaum gegessen hat. Gott war traurig und hat ihn und seine Frau nicht nur vom Paradies rausgeworfen, sondern seine Übertretung brachte Verdammnis über Adam und Eva und über alle Menschen.

Und durch Fortpflanzung und Vermehrung wurden die Kinder und Kindeskinder usw. von Adam und Eva angesteckt mit diesem schrecklichen von Gott verdammten Virus, der Erbsünde. Wir haben heute ca. 7 ½ Milliarden Menschen, die **alle infiziert** sind mit der Erbsünde von Adam und Eva.

Römer 5, 18 (und noch manche andere Stellen)

Ja, die Sünde Adam brachte Verdammnis über alle Menschen, aber die Tat von Christus von seinem erlösendem Handeln machte alle Menschen in Gottes Augen gerecht und schenkte ihnen Leben.

Punkt D

2. Grund: eigene Sünden

Die eigenen Sünden, Übertretungen und Missetaten, die wir jahrzehntelang gemacht haben bzw. noch machen werden

Römer 3, 23 - sh. Kapitel 2

Punkt E

Die absolute Wahrheit Gottes ist, dass **nur** die Menschen, die frei von der Erbsünde und eigenen Sünden geworden sind, bei Gott ewiglich wohnen dürfen.

Punkt F

Alle menschlichen und religiösen Bemühungen und Leistungen, zum Beispiel durch gute Taten vollbringen, Heilungen, auch durch Gaben wie Prophezeiung und Zungenreden, Almosen geben, Spenden etc. können nicht die Erbsünde, auch nicht die kleinste eigene Sünde tilgen. (Titus 3,5)

Punkt G

Alle Propheten, Apostel und alle tierischen Brand- und Sündenopfer der Priester vom Alten Testament, auch die Päpste, oder Führer anderer Religionen konnten nicht eine kleine einzige Sündenstrafe tilgen. Gottes Sohn, Jesus Christus, ist der einzige, der selber keine Sünde in seinem ganzen Leben gemacht hat, weil er nicht ursprünglich von Adam und Eva abstammt. Er ist von Gott, seinem Vater, gezeugt worden.

Jesus wurde gezeugt

Beweis:

1.er war da, bevor er von Maria geboren wurde, sogar bevor der Kosmos existierte. (Epheser 1, 3-7)

2. die Dreieinigkeit Gottes

3. Du hast mir einen Leib gegeben (im Hebräerbrief)

4. **1. Mose 1, 25-26**

Lass uns Menschen machen nach unserem Bilde.

Jesus war da und hat mitgewirkt beim Schöpfungsakt seines Vaters.

Punkt H

Als Gott sah, dass seine Schöpfung durch alle Zeitalter verzweifelt und resigniert und ohne Hoffnung war, dass sie keine Möglichkeit hat, von der Erbsünde und eigenen Sünde erlöst zu werden, da packte dies Sein heiliges Herz voll göttlicher Liebe, Erbarmen und Barmherzigkeit und er schenkte als **Letztes** seinen einzigen lieben Sohn als Erlösungsopfer für alle Sünden, Missetaten und Übertretungen der Menschheit.

Markus 12,6

Da er nun noch einen geliebten Sohn hatte, sandte er ihn als Letzten zu ihnen und sprach: Sie werden sich vor meinem Sohn scheuen

Joh. 3, 16 u. 17   (noch einmal dieser Vers)

Denn Gott hat die Welt so sehr geliebt, dass er seinen einzigen Sohn hingab, damit jeder der an ihn glaubt, nicht verloren geht, sondern das ewige Leben hat. Gott sandte seinen Sohn nicht in die Welt, um sie zu verurteilen, sondern sie durch seinen Sohn zu retten.

Punkt I

Und Gott hat den Austausch, die <u>Transaktion</u> überwacht, dass Jesus Christus der Gerechte, der keine Sünde machte und kannte, die Strafen von allen Sünden, Missetaten und Übertretungen der Menschen getragen und getilgt hat. Und Gott hat die Gerechtigkeit seines Sohnes an die, die an das Opfer von Jesu Christi glauben, gegeben.

Punkt J

Wenn die Menschen, die nicht neugeboren sind, fragen, was ist zu tun, damit sie auch neugeboren werden. Die Antwort: gar nichts zu tun, sondern einfach glauben. Und dies in 2 Schritten

Der 1. Schritt, dass man von ganzem Herzen glaubt, dass Jesus Christus auf Golgatha die Strafe für alle Sünden getilgt hat und man Gott von ganzem Herzen bittet, ihm die göttliche Kraft zu geben, um nach seinem Wohlgefallen neugeboren zu werden.

Der 2. Schritt: Bestätigung und Ergänzung von Schritt 1, dass man seine Sünden bekennt, soweit man sich daran erinnern kann und bereut.

Denn dann ist der Mensch nach Gottes Wort gemäß 2. Korinther 5,17 eine neue Kreatur. Der alte Leib, der von der Erbsünde und der eigenen Sünde verseucht war, wurde auf dem Kreuz von Golgatha durch Jesu Blut gereinigt und befreit. (Römer 6, 6)

Dieser neue Kreaturleib ist der neugeborene Leib und der ist jederzeit qualifiziert, und total geeignet, in das Himmelreich ewiglich reinzukommen und dort glücklich und siegreich zu leben. Amen.

Abschlußwort des Autors

Das Buch „Code des ewigen Lebens" zeigt durch Gottes Wort, dass jeder Mensch zu dem Himmelreich kommen darf, wenn er von neuem geboren wird durch Gottes Wort (dem unverweslichem Samen)

1.Petrus 1, 23 (Elberf)

Ihr seid nicht wiedergeboren aus verweslichem Samen, sondern aus unverweslichem, durch das lebendige und bleibende Wort Gottes

Man wird von neuem geboren, wenn der Mensch mit ganzem Herzen glaubt, dass

1)

jeder menschliche Körper (Leib), der von Adam und

Eva abstammt (verweslicher Samen), absolut

nicht mit Gott, dem Schöpfer im Himmelreich ewiglich leben kann.

2)

Jesus Christus, Gottes Sohn, die Strafen für alle Sünden, die er im ganzen Leben gemacht hat, durch das Erlösungswerk von Jesus Christus auf Golgatha getilgt worden sind und dazu seine eigene Sünden mündlich bekennt und bereut. Denn dann ist er durch das Wort Gottes mit unverweslichem Samen geboren und sein Leib ist sehr geeignet für das Leben im Himmelreich. Der große Schöpfer hat die Bekehrung (Sündenbekenntnis/Sündenbereuung) mit großer Freude durch seine Engel bestätigt.

Lukas 15, 7   (HB)

Ich sage Euch, so wird auch Freude im Himmel sein über einen Sünder, der Buße tut, mehr als über 99 Gerechte, die der Buße nicht bedürfen.

Lukas 15, 10

Ich sage Euch, genauso ist Freude bei

den Engeln Gottes über einen einzigen

Sünder, der sich bekehrt

Biografie Autor:

Dipl. Ing. Arsham Kasparian, Architekt, geboren 1939 in Basrah/Irak als Sohn armenischer Eltern. Ich wurde armenisch-orthodox erzogen. Meine Schulausbildung habe ich mit dem Abitur abgeschlossen.

Nach dem Abitur leistete ich meinen Armeedienst ab.

Plötzlich hatte ich den leidenschaftlichen Dranggedanken, nach Deutschland zu reisen.

Als ich das meiner Familie erzählte, haben sie darüber gelacht und gesagt: Warum ausgerechnet Deutschland, wo Du keinerlei deutsche Sprachkenntnisse hast? Warum gehst Du nicht nach England, wie dein älterer Bruder, der in England studiert hat? Darauf hatte ich keine Antwort. Mit umgerechnet ca. 600,-- DM in der Tasche begann ich 1966 meine Reise mit dem Zug. Nach 6 Tagen traf ich über die Türkei, Bulgarien, Serbien, Ungarn, Österreich in München/Deutschland ein.

Als einzigen Anhaltspunkt hatte ich eine Adresse von einem Nachbarjungen, der in Deutschland in Friedberg studierte und ich beschloss, diesen einfach aufzusuchen.

Ich nahm ein Taxi in München, um nach Friedberg zu fahren. In Friedberg bei Augsburg bemerkte man dann nach längerer Suche, dass mein Bekannter nicht in Friedberg/Augsburg wohnte, sondern in Friedberg/Hessen. Ich stieg dann in einen Zug und war bald in Friedberg, aber meine Geldsumme hatte sich nun schon beträchtlich verringert.

Zu allem Ungeschick war mein Freund nicht da. Er war zu diesem Zeitpunkt in Frankreich. Aber die deutsche Familie, bei der mein Freund als Untermieter wohnte, war sehr nett. Diese für mich fremde Familie bot mir an, bei ihr zu bleiben. Es war Gottes Führung, dass ich dieser Familie begegnet bin.

Nach Deutschland bin ich mit einem Touristenvisum eingereist, doch diese Familie kümmerte sich sehr um mich und erreichte, dass ich ein Arbeitspraktikum bei einer Baufirma machen konnte und so verlängerten die Behörden auch meine Aufenthaltserlaubnis.

Mein Freund kam von seiner Reise zurück; er nahm sich ein anderes Zimmer – und ich durfte bei dieser Familie bleiben. Durch die 3 Kinder erlernte ich schnell die deutsche Sprache. Mit Hilfe dieser Familie erhielt ich mehrere Praktikumsstellen und immer wieder eine Verlängerung der Aufenthaltserlaubnis. Nach 2 Jahren konnte ich mit einem Architekturstudium in Berlin beginnen. Diese Friedberger Familie waren überzeugte Christen und sie zeigten mir, wie ich durch Sündenbekenntnis und -bereuung „neugeboren" wurde, also eine Umkehr von meinem seitherigen Leben erlebte. Dadurch erhielt ich eine persönliche Beziehung zu Gottes Sohn und meinem himmlischen Vater.

Mein Leben ist nun bis auf den heutigen Tag geprägt, diese frohe Botschaft an Verwandte, Bekannte, ja überall, wo sich Gelegenheiten bieten – insbesondere auch bei Fußgängerzoneneinsätzen - weiterzusagen. Arabische evangelistische Radiosendungen von mir wurden über Trans World Radio ausgestrahlt.

17 Jahre war ich in Göppingen für das „Lichtstüble" (einer Randgruppenarbeit der Ev. Allianz Göppingen) ehrenamtlich tätig. Seit nunmehr 12 Jahren leite ich ein Forum, das immer am 1. Freitag im Monat, in einem griechischen Restaurant in Salach stattfindet. Hierbei haben mehr als 120 Personen aus Deutschland, China, Amerika, Thailand, Malaysia etc. ein Lebenszeugnis gegeben; also berichtet, wie sie Jesus

Christus als ihren persönlichen Heiland kennengelernt haben.

An jedem letzten Samstag eines Monats findet in unserem Wohnhaus ein „Breakfast by Kasparian" statt. In verschiedenen christlichen Gemeinden werde ich zum Predigen eingeladen. Zumeist geht es dabei um das Thema „Neugeburt".

Seit 1971 bin ich mit Edith geb. Volk aus Hessen verheiratet und unsere Ehe wurde mit 3 wunderbaren Kindern, sowie Schwiegerkindern und ganz besonders kostbaren 7 Enkeln gesegnet.

Mein Architekturstudium schloss ich 1972 ab und ich arbeitete zunächst als angestellter Architekt in Frankfurt/Main bei einer internationalen Baufirma. In 1984 zogen wir nach Baden- Württemberg in den Raum Göppingen und bis zum Beginn meiner Rente war ich als selbständiger Architekt und Bauträger tätig. Nach meinem Berufsleben – also im Alter von 65 Jahren - entdeckte ich die Freude am Laufen und ich begann international Halbmarathon zu laufen.

Inzwischen – mit Gottes Liebe und Hilfe - habe ich 17 mal einen Halbmarathon absolviert und ich freue mich und trainiere weiterhin im Alter von nun bald 79 Jahren für neue Herausforderungen.

Jesaja 40, 29 – 31 (HB)

Er gibt dem Müden Kraft und Stärke genug dem Un-
vermögenden. Männer werden müde und matt und
Jünglinge straucheln und fallen; Aber die auf den
HERRN harren, kriegen neue Kraft, dass sie auffahren
mit Flügeln wie Adler, dass sie laufen und nicht matt
werden, dass sie wandeln und nicht müde werden.

Quellenangabe Bibelstellen:

(NL)   = Neues Leben. Die Bibel, der deutschen

Ausgabe 2002 und 2006 SCM R.Brock-

haus in der SCM Verlagsgruppe

GmbH, Witten/Holzgerlingen

(Luth)   = Martin Luther 1970 Württembergische

Bibelanstalt Stuttgart, Gesamther-

stellung Württemb. Bibelanstalt,

Stuttgart, Ausg. 1977

(HB)   = Hans Bruns

Elberf.   = Elberfelder Übersetzung. Wuppertal

R. Brockhaus

Als Autor bin ich bereit, jederzeit über das Thema „Neugeburt" zu evangelisieren u. Seminare zu gestalten. Kontaktaufnahme über: email: arsham.k@web.de

Zeitfracht Medien GmbH
Ferdinand-Jühlke-Straße 7
99095 Erfurt, Deutschland
produktsicherheit@kolibri360.de